Schweizer, Pia-Johanna / Schweizer, Stefan

Glaube und Vernunft
Dualistische Leib-Seele-Anthropologie der Romantik

Schweizer, Pia-Johanna / Schweizer, Stefan

Glaube und Vernunft
Dualistische Leib-Seele-Anthropologie der Romantik

ISBN: 978-3-86741-656-6
Auflage: 1
Erscheinungsjahr: 2011
Erscheinungsort: Bremen, Deutschland

Cover: "Mondaufgang am Meer" (1822), Caspar David Friedrich

© Europäischer Hochschulverlag GmbH & Co KG, Fahrenheitstr. 1, 28359 Bremen

www.eh-verlag.de

Schweizer, Pia-Johanna / Schweizer, Stefan

Glaube und Vernunft

Dualistische Leib-Seele-Anthropologie der Romantik

Für Adina

Inhalt

1. Wissenssoziologie und sprachlich orientierte Kulturwissenschaft (Pia-Johanna Schweizer/Stefan Schweizer) — 1
2. Heinroths dualistische Leib-Seele-Anthropologie (Stefan Schweizer) — 20
3. Resümee (Stefan Schweizer/Pia-Johanna Schweizer) — 89
   Literatur — 96

1. Wissenssoziologie und sprachlich orientierte Kulturwissenschaft (Pia-Johanna Schweizer/Stefan Schweizer)

Semantikkonzept und die Beobachtung höherer Ordnung

Einen Ansatzpunkt zur problemspezifischen Interpretation von ideengeschichtlichen Dokumenten bietet die Betrachtung dieser Texte unter historischen, wissenschaftlichen, wissenschaftshistorischen und wissenschaftstheoretischen Gesichtspunkten. In diesem Buch werden Texte des Arztes und Anthropologen Johann Christian Heinroth einer solchen Analyse unterzogen. Die Epoche der Romantik als historischkontextueller Hintergrund muss dabei berücksichtigt werden. Von zentraler Bedeutung der Romantischen Anthropologie ist die Frage, was der Mensch ist und aus was er besteht: d.h. einem Leib-Seele-Dualismus oder einem Leib-Seele-Geist-Trinitarismus.

Die in der Romantik verfassten Texte stellen bereits ihrerseits Reflexionen über die historische Entwicklung einer Wissenschaft der Seele an. Bei der hermeneutisch-historischen Analyse von Heinroths Texten sollte Luhmanns Beobachterposition mindestens zweiter Ordnung eingenommen werden.[1] Das Instrument der Beobachterposition zweiter Ordnung ist zur adäquaten Fremdbeschreibung der Selbstbeschreibungen semantischer Entwicklungslinien, hier von Heinroths Anthropologie zur Zeit der Romantik, erforderlich.

Luhmanns anspruchsvolles, metatheoretisch ambitioniertes und theoretisch ertragreiches Konstrukt der Erfordernis von Beobachterstandpunkten mindestens zweiter Ordnung zur System- und Selbstbeschreibung[2] ist ein geeignetes methodisches Instrumentarium zur ertragreichen Analyse von zeitlich weiter zurückliegenden wissenschaftshistorischen und wissenschaftstheoretischen Darstellungen über Themenge-

---

[1] Zur angebrachten Verwendung von Beobachterstandpunkten mindestens zweiter Ordnung vgl. etwa Niklas Luhmann, Die Religion der Gesellschaft. S. 75 f.
[2] Vgl. Niklas Luhmann, Die Wirtschaft der Gesellschaft, S. 9; sowie ders., Die Religion der Gesellschaft, S. 75 f.

biete, welche bestimmte Bedeutungssemantisierungen hervorbringen.[3]

Hier interessiert v.a. die Konstitution von Gottes-, Welt- und Menschenbildern. Das Konzept der Kybernetik zweiter Ordnung, also des Beobachtens von Fremdbeobachtungen, stellt ein methodisch anspruchsvolles und theoretisch ausgereiftes Instrumentarium dar, welches für Text-Kontext-Ansätze zur wissenssoziologischen Aufarbeitung geeignet ist. Die Entwicklungen der Semantisierungen in der Anthropologie der Romantik schreiben dann u.a. fest, was unter den Begriffen des Körpers, der Seele und des Geistes zu verstehen ist.

Damit ermöglicht das vorgestellte methodische Instrumentarium Antworten auf die Fragen, was gemäß Heinroths Texten der Mensch ist, aus welchen Komponenten er sich zusammensetzt und mit welchen Begrifflichkeiten bzw. Semantiken dies beschrieben werden kann. Zugleich offenbaren sich Einblicke in mit den Semantiken verbundene Paradigmata, so geht z.B. die Betonung der Geistsemantik nicht selten mit der Favorisierung der psychologischen Wissenschaft einher.

Die Ergebnisse der semantischen Analyse implizieren zugleich eine Metaebene, welche Reflektionen über die gewonnen Erkenntnisse ermöglicht.

Gleichzeitig eröffnet diese Vorgehensweise die wissenschaftstheoretisch fundierte und wissenschaftlich ertragreiche Möglichkeit einer wissenssoziologischen Aufarbeitung historisch-wissenschaftlicher Textkorpora. Da die Autoren der anthropologischen Texte zur Zeit der Romantik bei ihren wissenschaftshistorischen Schilderungen und Reflektionen über die Entwicklungsgeschichte der Anthropologie oder der Seele bereits einen Beobachterstandpunkt zweiter Ordnung einnahmen, ist bei der Analyse solcher Texte bzw. Textpartien eine Höher-Potenzierung auf einen Beobachterstandpunkt mindestens dritter

---

[3] Vgl. beispielsweise als kompakten Überblick über Bedeutungssemantisierungen der (alt-) europäischen Geschichte Niklas Luhmann, Die Gesellschaft der Gesellschaft, Band 2, S. 866-1149.

Ordnung unabdingbar.[4] Allerdings nimmt mit dem steigenden Grad des Beobachterstandpunktes die Komplexität der Forschung und Analyse zu. Deswegen sollte man sich in diesem Zusammenhang an das Diktum des Wissenschaftstheoretikers Imre Lakatos halten, welches besagt, dass Theoriebildung nicht unnötig komplex sein sollte.

Wünschenswert ist eine möglichst weitgehende und tiefgründige kulturwissenschaftlich-historische Analyse der Texte von Heinroth unter Verwendung der wissenssoziologischen Konzepte, d.h. des Semantikkonzepts und des Konzepts der Beobachtung höherer Ordnung von Niklas Luhmann. Der Forschungszuschnitt sollte dabei eine gleichermaßen kulturwissenschaftliche und historische Ausrichtung besitzen, die Analysemethode besteht im hermeneutischen Quellenstudium.

Daran sollte aus literaturwissenschaftlicher Warte in einem weiteren Schritt, welcher nicht in dieser Arbeit geleistet werden kann, eine Detailanalyse anknüpfen, inwiefern das anthropologische Wissen in literarischen Texte der Spätromantik identifizierbar ist bzw. wo die Anthropologie der Romantik als Kontext die literarischen Texte der Romantik kausal beeinflusst hat. Dies bedeutet, dass die literarischen Texte vor dem Hintergrund der theoretischen Kontextanalyse der Romantischen Anthropologie erneut gelesen und interpretiert werden sollten.

Zugleich wirken die in einer Diskursformation zentralen Protagonisten immer auf andere im Diskurssystem befindliche Akteure, so dass die bedeutenden Anthropologen der Romantik sicherlich auf weniger wichtige Anthropologen zur Zeit der Romantik eingewirkt haben. Im hier skizzierten Verfahren kann der Zusammenhang von Literatur, Geschichte und Wissenschaftsgeschichte zu einer gehaltvollen explanativen Erzählung mittlerer Reichweite hergestellt werden.

Als Beobachter mindestens zweiter Ordnung kann man davon ausgehen, dass der anthropologische Diskurs eine nicht zielgerichtete, gleichwohl evolutionäre Selbstbeschreibung des wissenschaftlichen Diskurssystems der Romantik ist. Wissenschaftsgeschichtlich sind hin-

---

[4] Prinzipiell ist sogar eine Weiterentwicklung des Beobachterstandpunktes auf den n-ten Grad denkbar.

sichtlich der Viabilität des Diskurses Zweifel angebracht, da sich die Romantische Anthropologie nicht allzu lange im wissenschaftlichen Diskurssystem halten konnte und schnell von positivistisch-naturwissenschaftlichen Konzepten verdrängt wurde. Bei der Frage der wissenschaftlichen und weltanschaulichen Verortung des anthropologischen Schriftguts, die eng mit dem Aspekt der Funktionalität zusammenhängt, ist die soziopolitische Konstellation zur Zeit der Romantik in die Überlegungen einzubeziehen. Nicht zuletzt ist die Feststellung von besonderer Bedeutung, dass die Romantik eine historisch-gesellschaftliche Umbruchsituation darstellt.

Dabei ging die Intention eines großen Teils der (Spät-) Romantik dahin, die Bewegung hin zu einer Gegenaufklärung durch das Gros der anthropologischen Texte zu kaschieren, rational zu begründen und argumentativ elaboriert zu präsentieren.

Insofern kann man Zusammenhänge von Umbrüchen im Wissenschafts- und Gesellschaftssystem zu Zeiten der Romantik und der Entwicklung der anthropologischen Theorien behaupten und nachweisen. Die Ausarbeitung einer spezifischen anthropologischen Semantik der Romantik hängt auch mit der wissenschaftsinternen Differenzierung der Disziplin Anthropologie zusammen, welche den Versuch unternahm, die Philosophie als das Wissenschaftssystem anführende Disziplin abzulösen.

Innerhalb des anthropologischen Diskurses gab es erbitterte Grabenkämpfe, so z.B. zwischen Empirikern und Idealisten oder Physiologen und Psychologen. Die wissenschaftssystemimmanent in Gang gesetzten Sinnbildungs- und Ausdifferenzierungsmechanismen vermochten es aus der Beobachterperspektive zweiter Ordnung aber nicht, sich zur gepflegten Semantik zu erheben, da die Romantische Anthropologie nicht einmal mittelfristig den Status des Kernbestands bewährter Wissensformationen erreichte.

Der anthropologische Diskurs der Romantik konnte sich in der Konsequenz nicht zum verbürgten Wissensfundus der Wissenschaft oder gar der Gesellschaft etablieren bzw. erreichte – wendet man Luhmanns

Semantikkonzept an – nicht den Kernbestand einer gepflegten Semantik und verschwand bald aus den Diskursformationen.

Allerdings sind Teile des anthropologischen Diskurses der Romantik bis heute im Wissenschaftssystem und im gesellschaftlichen Wissen identifizierbar. Die Magnetismus-Debatte legte beispielsweise einen der Grundsteine für die Psychoanalyse und Hypnose von Sigmund Freud. Freuds Analysen von E.T.A. Hoffmanns literarischem Schaffen zur Unterstützung und Generierung der wissenschaftlichen Theorien ist bekannt. Heute (z.T. auch in den Medien) aufkeimende Rückführungsdebatten sind auf den theoretischen Kern des Mesmerismus bzw. Magnetismus zurückzuführen, wobei diese wissenschaftshistorische und wissenschaftstheoretische Dimension selten thematisiert wird.

Von Beginn bis zur Mitte des 20. Jahrhunderts gibt es in der abendländischen Philosophie eine breite Renaissance naturphilosophischer Spekulation, welche auf die Romantik rekurriert. Große Teile der aktuellen esoterischen Bewegung basieren, nur noch zum Teil bewusst, auf dem in der Epoche der Romantik vorhandenen anthropologischen Gedankengut.

Wissenssoziologie

Eine Möglichkeit zur Einlösung der oben aufgeworfenen Forschungsfragen besteht im Konzept der Wissenssoziologie von Niklas Luhmann. Es gibt viele wissenssoziologische Theorien, jedoch ist Luhmanns Ansatz wegen seiner Fokussierung auf Texte und sich daraus ergebenden Semantiken für die vorliegende Aufgabenstellung und das verwendete Forschungsdesign das geeignete Analyseinstrument.

Die nicht zuletzt von Karl Mannheim initiierte Wissenssoziologie fragt im Allgemeinen, warum „es zu bestimmten Überzeugungen, Rationalisierungen und Legitimationen von „Werten" kommt, wie sie über die verschiedenen sozialen Klassen verbreitet sind und mit bestimmten gesellschaftlichen Lagen"[5] zusammenhängen. Die Wissenssoziologie

---

[5] Hartmut Esser, Soziologie. Spezielle Grundlagen. Band 6, S. 324.

postuliert dabei einen Zusammenhang von Interessen, Institutionen und Ideen.

Es ist nicht verwunderlich, dass die Analyse und Bewertung von wissenssoziologischen Ansätzen unter einer bestimmten Wissenschaftsausrichtung erfolgt. Pointierter kann man die genannten Zusammenhänge als ideologische Ausrichtung der Wissenssoziologie bezeichnen.

Wissenssoziologie kritisch-dialektischer Provenienz hat so z.B. einen anderen methodischen Zugang wie auch weltanschaulichen Hintergrund als Wissenssoziologie normativ-ontologischen Zuschnitts.

Wendet man sich der Wissenssoziologie in der Luhmann'schen Lesart zu, so postuliert diese eine Kovariation semantischer Traditionen und gesellschaftlicher Entwicklungen seit der zweiten Hälfte des 18. Jahrhunderts.[6] Luhmanns Wissenssoziologie besteht v.a. aus dem sogenannten Semantikkonzept, welches die Analyse zur Evolution des semantischen Vorrats europäischer Gesellschaften ermöglicht.[7] Kultur versteht sich demzufolge vornehmlich als historischer Begriff auf semantischer Grundlage, was dann eigentlich das Verschwinden des konventionellen Kulturbegriffs bedeutet.

Um nun aber die in historischen Texten und Konstellationen anzutreffenden Semantiken angemessen identifizieren und interpretieren zu können, ist in einem ersten Schritt das Einnehmen eines Beobachterstandpunkts höherer Ordnung nötig, was zugleich den zweiten der Luhmann'schen Theoriebausteine darstellt. Das Beobachtungskonzept höherer Ordnung wird im Folgenden rekonstruiert.

Grundlagen von Luhmanns Wissenssoziologie

Um Luhmanns Anliegen eines Beobachterstandpunkts zweiter und höherer Ordnung angemessen begreifen zu können, empfiehlt es sich, die erkenntnistheoretischen Implikationen des Theoriegebäudes von

---

[6] Niklas Luhmann, Gesellschaftsstruktur und Semantik. Band 1, S. 9.
[7] Rainer Winter, Kultursoziologie, S. 210.

Luhmann und des von ihm favorisierten Forschungsparadigmas des Radikalen Konstruktivismus in die Überlegungen einzubeziehen.

Was ist Realität? Antworten des radikalen Konstruktivismus

Fragen der Beobachterproblematik beginnen eigentlich mit der Problematisierung von dem, was allgemeinhin die Realität genannt wird. Ohne hier in tief greifende philosophische Diskussionen über Fragen der Realität und was Realität ist einsteigen zu wollen, erfolgt in diesem Exkurs eine kurze Skizzierung des konstruktivistischen Realitätsverständnisses, welches für Niklas Luhmann und vor allem sein soziologisches und wissenschaftliches Arbeiten prägend war.

Zudem wird hier auf die Nähe der axiomatischen Fundierung von erkenntnistheoretischen Positionen des Deutschen Idealismus und Konstruktivismus hingewiesen.[8] Niklas Luhmanns Theorie des Beobachterstandpunkts zweiter Ordnung basiert auf den theoretischen Annahmen des radikalen Konstruktivismus. Deswegen beschreiben die folgenden Ausführungen kurz die basalen Annahmen der Theorie des radikalen Konstruktivismus hinsichtlich der Fragen, was Realität ist und wie diese konstituiert wird.

Autopoiesis in der Neurobiologie

Die chilenischen Neurobiologen Humberto Maturana und Francisco Varela nehmen in ihrem systemtheoretisch-kybernetisch-biologischen Schriften ausführlich und wiederholt Bezug auf Erkenntnisse des Radikalen Konstruktivismus, z.B. in der Lesart von Ernst von Glasersfeld und Sigfried J. Schmidt.

Systeme, darunter sind auch Menschen zu subsumieren, können Maturana und Varela zufolge lediglich agieren und niemals reagieren. Diese zunächst verwunderliche Aussage bedarf der erkenntnistheoretischen Begründung: „Realität ist daher der Bereich der Gegenstände und folg-

---

[8] Vgl. hierzu Pia-Johanna Schweizer/Stefan Schweizer, Idealistisch geprägte Axiomatik des Selbstorganisationsparadigmas, S. 53-67 und Stefan Schweizer, Politische Steuerung selbstorganisierter Netzwerke, S. 87-98.

lich das, was als real eingegrenzt werden kann. Damit steht außer Frage, was Realität ist: ein Bereich, der durch Operationen des Beobachters bestimmt wird."[9] Diese Feststellung ist auch für wissenschaftliche Erkenntnisprozesse eine einfache, aber zentrale Erkenntnis. Objekte und reale Wahrheiten sind immer als relativ zu betrachten, da der Wissenschaftler als (autopoietisches) System den Bereich der Gegenstände und damit das, was real ist, festlegt. Zudem kann der Wissenschaftler aus seiner autopoietischen Struktur heraus immer nur agieren.

Erkenntnistheorie des Radikalen Konstruktivismus

Man gelangt so über die Erkenntnisse der chilenischen Neurobiologie zur philosophisch-erkenntnistheoretischen Position des Radikalen Konstruktivismus, einer Position,

> *„die in Fortsetzung skeptischer und konstitutionstheoretischer Überlegungen jegliche Form der Erkenntnis - einschließlich des Erkannten selbst - als Konstruktion eines Beobachters begreift. Erkennen meint nicht die passive Abbildung einer äußeren objektiven Realität, sondern bezeichnet einen Prozeß der eigenständigen Herstellung bzw. Konstruktion einer kognitiven Welt [...] Die reale Welt als solche ist keine erfahrbare Wirklichkeit; Wirklichkeit ist vielmehr immer wahrgenommene, beobachtete, erfundene, also konstruierte Wirklichkeit."*[10]

Im ersten Kapitel seines Buches *Radikaler Konstruktivismus* fragt v. Glasersfeld eingangs konstruktivistisch, was Radikaler Konstruktivismus denn sei. Seine Antwort lautet:

> *"Einfach ausgedrückt handelt es sich um eine unkonventionelle Weise die Probleme des Wissens und Erkennens zu betrachten. Der Radikale Konstruktivismus beruht auf der Annahme, daß alles Wissen [...] nur in den Köpfen von Menschen existiert und daß das denkende Subjekt sein Wissen nur auf der Grundlage eigener Erfahrung konstruieren kann.*

---

[9] Humberto Maturana, Biologie der Sprache, S. 132.
[10] Georg Kneer, Radikaler Konstruktivismus, S. 487.

Was wir aus unserer Erfahrung machen, das allein bildet die Welt, in der wir bewußt leben."[11]

Der Radikale Konstruktivismus wird als ein spezieller Ansatz der konstruktivistischen Erkenntnistheorie aufgefasst. Insbesondere geht es um die Auffassung dessen, was allgemein hin (d.h. auch alltagstheoretisch) unter dem Begriff Realität zu verstehen ist.

Allerdings ist diese Realität nicht mit dem Sein gleichzusetzen, sondern hängt ausschließlich mit dem Wissen zusammen[12] und Realität ist in diesem Zusammenhang mit Individualität oder besser Subjektivität verbunden. Das „Pochen auf Subjektgebundenheit aller Erfahrung und alles Wissens führt ihn [v. Glasersfeld, S.S.] zu einer Reihe von wichtigen Konsequenzen".[13]

Zu den wichtigsten Merkmalen des Radikalen Konstruktivismus[14] zählt das Aufgeben einer Subjekt-unabhängigen Realität.[15] Es wird – in Kant'scher Tradition – weiter argumentiert, dass somit Erkenntnistheorie zu einer Theorie des Wissenserwerbs wird.

Modifiziert wird dies dadurch, dass soziale Interaktion als Realität betrachtet wird.[16] Außerdem wird herausgestellt, dass Kognition der Organisation der Erfahrungswelt des Subjekts und nicht der Entdeckung einer Subjekt-unabhängigen Realität an sich dient. Damit verbunden ist die Erkenntnis, dass Wissen nur als vom Subjekt abhängig generiert werden kann und niemals Gegenstand passiver Rezeption sein kann: „Wissen wird vom denkenden Subjekt aktiv aufgebaut."[17] Idealismus

---

[11] Ernst von Glasersfeld, Radikaler Konstruktivismus, S. 22.
[12] Ernst von Glasersfeld, Drittes Siegener Gespräch über Radikalen Konstruktivismus, S. 324.
[13] Siegfried J. Schmidt, Vorwort, S. 12.
[14] Zum folgenden vgl. Siegfried J. Schmidt, Vorwort, S. 12 f.
[15] Wieder wird deutlich, dass die Bezüge zum Deutschen Idealismus in dieser basalen Annahme nicht von der Hand zu weisen sind.
[16] In diesem Punkt ist also der radikale Konstruktivismus enger als der Idealismus mit der Theorie der Autopiese verbunden, die genau den sozialen Interaktionsbereich herausstreicht!
[17] Ernst von Glasersfeld, Radikaler Konstruktivismus, S. 96.

und Konstruktivismus gehen wie ersichtlich nicht nur in diesem Punkt Hand in Hand.

Kognition wird außerdem als mentales Anpassungsinstrument verstanden, deren Zweck in der Konstruktion viabler[18] begrifflicher Strukturen besteht. Im Gefolge der systemtheoretisch-kybernetisch inspirierten Evolutionstheorie von Maturana und Varela wird behauptet, dass sich der Fortschritt des menschlichen Wissens nur als Evolution bestimmen lässt und nicht als approximative Bewegung zu einer Wahrheit hin: „Die Funktion der Kognition ist adaptiver Art, und zwar im biologischen Sinne des Wortes, und zielt auf Passung oder Viabilität."[19]

Es lässt sich außerdem die instrumentalistische Komponente des Radikalen Konstruktivismus festhalten, die letztlich damit zusammenhängt, dass der Konstruktivismus keine Ethik produzieren kann.[20]

Ein weiteres Kennzeichen des Radikalen Konstruktivismus ist, dass die Bedeutung sprachlicher Ausdrücke als Resultat individueller Erfahrungen eingeschätzt wird und Kommunikationsbedeutungen erst durch die Kommunikationspartner und aus ihrem Bemühen, in ihrer Kognition Bedeutungen zu konstruieren, entstehen.

Heinz von Foerster betont auf physiologisch-materieller Grundlage des Nervensystems die Autonomie und Selbstregelung des Menschen und die damit verbundene Problematik des ästhetischen und ethischen Imperativs.[21] Unter diesen Vorzeichen ist es schwierig, allgemeinverbindliche ästhetische und ethische Anforderungen zu formulieren.

Abschließend bleibt für den radikalen Konstruktivismus festzuhalten, dass subjektorientierte Erkenntnistheorie synonym mit empirischer Kognitionstheorie ist, denn der Radikale Konstruktivismus kann sich nur instrumentell bei der Problemlösung via Viabilität als wahr erweisen: Das bedeutet, dass nur praktisches Überleben über Brauchbarkeit

---

[18] Der Begriff der Viabilität ersetzt bedeutungsneutral den Begriff des Überlebens.
[19] Ernst von Glasersfeld, Radikaler Konstruktivismus, S. 96.
[20] Ernst von Glasersfeld, Drittes Siegener Gespräch über Radikalen Konstruktivismus, S. 334.
[21] Heinz von Foerster, Das Konstruieren einer Wirklichkeit, S. 58 ff.

von Erkenntnis und somit Evolution entscheidet und eben nicht der Wahrheits- oder Schönheitsgehalt. Auch hier sind Ähnlichkeiten zu Maturanas evolutionsbiologischem Verständnis des Begriffs des Driftens offensichtlich.

Insofern ist Watzlawicks Hypothese über die durch Ideologien generierte Wirklichkeit zutreffend und aufschlussreich in unserem Zusammenhang:

> „Was die durch Setzung einer bestimmten Ideologie erfundene Wirklichkeit betrifft, ist ihr Inhalt gleichgültig und mag jenem einer anderen Ideologie total widersprechen; die Auswirkungen dagegen sind von einer erschreckenden Stereotypie."[22]

Ideologien bzw. Weltanschauungen konstituieren Realitäten, so auch diejenigen der romantischen Anthropologie. Allerdings ist die Heterogentität der romantischen Anthropologie im Auge zu behalten. Was Watzlawick Stereotypie nennt, kann man mit Luhmann als Semantik bezeichnen. Luhmanns Semantikkonzept wird im nächsten Teilkapitel erörtert.

Luhmanns Beobachterstandpunkt mindestens zweiter Ordnung

Luhmanns Beobachterkonzept zweiter oder höherer Ordnung resultiert aus dem oben rekonstruierten konstruktivistischen Diskurs und dessen Gretchenfrage, was Realität ist. Luhmann rekurriert z.T. offen auf die Erkenntnisse des radikalkonstruktivistischen Diskurses und lässt sich für diesen vereinnahmen.

Die bisherige Wissenssoziologie besaß nach Luhmann, dieser Ansatzpunkt überrascht nun nicht mehr, das für sie unlösbare Problem der Realitätsrepräsentation.[23] Aus dieser Ausgangssituation heraus soll die

---

[22] Paul Watzlawick, Bausteine ideologischer >>Wirklichkeiten<<, S. 192.
[23] Niklas Luhmann, Gesellschaftsstruktur und Semantik. Band 4, S. 167.

Theorie des Beobachterstandpunkts höherer Ordnung sogenannte blinde Flecke[24] beseitigen.

Blinde Flecke beziehen sich auf denjenigen der etwas wahrnimmt, bestimmte Facetten des Realitätsausschnitts aber aus seiner Struktur und seiner räumlichen Verankerung heraus nicht beachten kann. Das Konzept des Beobachterstandpunkts höherer Ordnung zielt v.a. auf die Eliminierung des Subjekts als zentralem Bezugspunkt sozial- und kulturwissenschaftlicher Forschung,[25] andere sprechen eher in Derrida'scher Manier von einer Dekonstruktion des Subjekts in der soziologischen Theoriebildung.[26] Blinde Flecke liegen mitunter darin begründet, dass der Beobachter nicht das Subjekt der Welt und die Welt kein Subjekt ist.

Die Differenzierung von Beobachtung erster und zweiter Ordnung ermöglicht in der Folge eine der wichtigsten Paradoxie-Auflösungen, da z.B. ein Forscher beobachtet, was andere Forscher beobachten.[27] So beobachtet diese folgende kurze Monographie die Beobachtungen des anthropologischen Forschers Heinroth zur Zeit der Romantik. Das Umstellen auf den Beobachtungstypus zweiter Ordnung ist nach Luhmann eine wichtige Folge der funktionalen Differenzierung.[28]

Beobachtung heißt zunächst auf der Ebene der allgemeinen Systemtheorie nichts anderes, als die Handhabung von Unterscheidungen. Beim Beobachten wird also eine Differenz mit Hilfe einer Unterscheidung erzeugt, „die das damit nicht Unterscheidbare außer sich lässt."[29] Beobachten ist also zunächst nichts anderes als ein unterscheidendes Bezeichnen.

---

[24] Zum blinden Fleck heißt es in Anlehnung an Wittgenstein: „Ein System kann nur sehen, was es sehen kann. Es kann nicht sehen, was es nicht sehen kann. Es kann auch nicht sehen, daß es nicht sehen kann, was es nicht sehen kann." Niklas Luhmann, Ökologische Kommunikation, S. 52.
[25] Elisabeth List, Institutionen des Wissens, S. 37.
[26] Sonja Rinofner-Kreidl, Phänomenologie und Systemtheorie im Kontext kulturwissenschaftlicher Forschungsinteressen, S. 77.
[27] Niklas Luhmann, Die Gesellschaft der Gesellschaft. Band 1, S. 374.
[28] Niklas Luhmann, Die Gesellschaft der Gesellschaft. Band 2, S. 766.
[29] Niklas Luhmann, Die Wissenschaft der Gesellschaft, S. 268.

Das Beobachterkonzept höherer Ordnung ermöglicht die gehaltvolle Analyse historisch entfernter Texte, deren Sinnlücken es gemäß der anthropologischen Literaturwissenschaft durch texthermeneutische Verfahren zu schließen gilt. Das Beobachten von Beobachtungen ist zudem ein gesellschaftliches Desiderat, da Gesellschaften, die nur über Beobachtungen erster Ordnung verfügen, in einer Nische leben.[30]

Das Beobachten zweiter Ordnung beobachtet, wie die Beobachtung erster Ordnung vollzogen wurde. Der Erkenntnisgewinn liegt im semantisch-kulturellen Aufschluss über die Verfasstheit von Gesellschaften zu bestimmten Zeitpunkten.

Geht die Beobachtung erster Ordnung, welche hier Heinroth als den Verfasser anthropologischer Lehrbücher betrifft, in die Frage über, wie dort die Anthropologie die Anthropologie beschreibt, dann findet eine Selbstbeschreibung der Anthropologie statt.[31] Dies ist eine Analyseebene ersten Grades. Selbstbeobachtung heißt laufendes Erleben, Selbstbeschreibung hingegen die Anfertigung semantischer Artefakte.[32] Bei der Selbstbeobachtung ist die Einführung der System- und Umweltdifferenz in das System entscheidend.[33]

Um nicht bei der Beschreibung des anthropologischen Diskurses der Romantik stehen zu bleiben, sollte demzufolge eine Beobachterposition mindestens zweiter Ordnung eingenommen worden sein.[34] Diese Beobachterposition ist zur adäquaten Fremdbeschreibung der Selbstbeschreibung semantischer Entwicklungslinien erforderlich. Der Beobachter zweiter Ordnung kann die Unwahrscheinlichkeit des Beobachtens erster Ordnung erkennen,[35] in unserem Fall z.B. die Problematik einer Einführung der Residualkategorie Gott in die außertheologische wissenschaftliche Argumentation. Beobachter mindestens zweiter

---

[30] Niklas Luhmann, Gesellschaftsstruktur und Semantik. Band 3, S. 330.
[31] Niklas Luhmann, Die Religion der Gesellschaft, S. 320.
[32] Niklas Luhmann, Die Wirtschaft der Gesellschaft, S. 78.
[33] Niklas Luhmann, Soziale Systeme, S. 63.
[34] Niklas Luhmann, Die Gesellschaft der Gesellschaft. Zweiter Teilband, S. 876 und Niklas Luhmann, Die Religion der Gesellschaft, S. 75 f.
[35] Niklas Luhmann, Die Kunst der Gesellschaft, S. 102.

Ordnung beobachten also Beobachter[36] und versuchen deren semantisches Tun einer gehaltvollen Analyse zu unterziehen.

In unserem Fall bedeutet das, dass die anthropologischen Beobachtungen erster Ordnung als anthropologisch-romantischer Textkorpus einer historisch distanzierten Beobachtung mindestens zweiter Ordnung (d.h. Analyse) unterzogen werden. Luhmanns Konzept des Beobachterstandpunkts mindestens zweiter Ordnung ist anspruchsvoll, (meta-)theoretisch ambitioniert und theoretisch ertragreich. Es entspricht dem Desiderat der Theorie-Geleitetheit historisch-hermeneutisch verfahrender Arbeiten.

Das Konzept der Kybernetik zweiter Ordnung, also des Beobachtens von Fremdbeobachtungen, stellt ein methodisch anspruchsvolles und theoretisch ausgereiftes Instrumentarium dar, welches für Text-Kontext-Ansätze zur wissenssoziologischen Aufarbeitung von Textkorpora geeignet ist. Es ermöglicht die interpretative System- und Selbstbeschreibung.[37]

Luhmann ersetzt, wie bereits dargelegt, den Begriff der Kultur durch den der Semantik. Funktional-analytisch orientierte Analysen semantischer Bestände können durch den historischen Abstand und die Beobachterposition zweiter Ordnung den gewünschten wissenschaftlichen Analyseertrag erbringen. Diese Leistung kann nicht durch Beobachtungen erster Stufe erreicht werden.

Es ist zudem bekannt, dass bei der hermeneutisch-historischen Analyse von Textstellen, die bereits eine Beobachterposition zweiten Grades einnehmen, d.h. die Beobachtungen beobachten, eine Beobachterposition mindestens dritter Ordnung eingenommen werden sollte.[38] Dies trifft in unserem Fall z.B. immer bei wissenschaftshistorischen Analysen der Anthropologen zu. Die Beobachterposition zweiter und dritter

---

[36] Niklas Luhmann, Die Politik der Gesellschaft, S. 288.
[37] Vgl. Niklas Luhmann, Die Wirtschaft der Gesellschaft, S. 75 f.
[38] Zur angebrachten Verwendung von Beobachterstandpunkten mindestens zweiter Ordnung vgl. etwa Niklas Luhmann, Die Religion der Gesellschaft, S. 75 f.

Ordnung ist zur adäquaten Fremdbeschreibung der Selbstbeschreibungen semantischer Entwicklungslinien erforderlich.

Zur Beobachterposition dritter Ordnung und dem damit verbundenen Versuch, der weiter gehenden Eliminierung blinder Flecke heißt es bei Luhmann:

> *„Für das Beobachten zweiter Ordnung wird mithin die Unbeobachtbarkeit des Beobachtens erster Ordnung beobachtbar – aber nur unter der Bedingung, daß nun der Beobachter zweiter Ordnung als Beobachter erster Ordnung seinerseits sein Beobachten und sich als Beobachter nicht beobachten kann. Darauf kann ein Beobachter dritter Ordnung hinweisen, der dann den autologischen Schluß zieht, daß all dies auch für ihn selbst gilt [...] Das Beobachten zweiter und dritter Ordnung expliziert vielmehr die Unbeobachtbarkeit der Welt als bei allem Beobachten mitfungierender unmarked space."*[39]

Luhmanns Konstrukt von Beobachterstandpunkten zweiter oder höherer Ordnung zur System- und Selbstbeschreibung[40] ist demzufolge das geeignete Instrumentarium zur Analyse der Anthropologie der Romantik, welche bestimmte Bedeutungssemantisierungen hervorbringt.[41] Das Konzept der Kybernetik zweiter Ordnung, also des Beobachtens von Fremdbeobachtungen, stellt außerdem ein Instrumentarium dar, welches für Text-Kontext-Ansätze zur wissenssoziologischen Aufarbeitung von wissenschaftlichen Textkorpora geeignet ist. Dabei leitet Luhmann auch konkreter zur Textanalyse an, seine methodischen Hinweise ergänzen die hermeneutisch kritische Lektüre:

> *„Erst auf der Ebene der Beobachtung zweiter Ordnung kommt es zur Aufstellung von Regeln wie: Texte seien nicht rein wörtlich, sondern sinngemäß zu verstehen. Dann beobachtet man sich (oder andere) beim Lesen des Textes und*

---

[39] Niklas Luhmann, Die Kunst der Gesellschaft, S. 102 f.
[40] Vgl. Niklas Luhmann, Die Wirtschaft der Gesellschaft, S. 75 f.
[41] Vgl. beispielsweise als kompakten Überblick über Bedeutungssemantisierungen der (alt-) europäischen Geschichte Niklas Luhmann, Die Gesellschaft der Gesellschaft, S. 866-1149.

> *stößt auf Zweifel. Anlaß dazu ist zumeist, daß die am Text gefundene Entscheidung zu unbefriedigenden Ergebnissen führt – sei es die eigenen Interessen nicht hinreichend durchsetzt: sei es Folgen hat, die gewollt zu haben man dem Textverfasser nicht ernsthaft unterstellen kann. Dann muß man angesichts mehrerer Möglichkeiten nach einer überzeugenden Begründung die ratio finden, die Entscheidungsregel, die dem Text zugrunde liegt, und diese begründen."*[42]

Die Entwicklung von Semantisierungen in den wissenschaftlichen Primärtexten schreiben fest, welche Bedeutungen das Begriffsinstrumentarium der Anthropologie zur Zeit der Romantik erfährt.

Aus den Beobachterpositionen zweiter und höherer Ordnung heraus lassen sich auf einer Meta-Ebene funktionale Analysen der Verwendung und Propagierung wissenschaftlicher Erkenntnisse wie derjenigen des Diskurses der romantischen Anthropologie vornehmen. Damit wird nach dem weltanschaulich-ideologischen Verwertungszusammenhang der wissenschaftlichen Ergebnisse gefragt.

Die Romantische Anthropologie unterliegt denselben Gesetzen und Zwängen wie alle Wissenschaft. Wissenschaft ist nicht neutral oder gar objektiv, sondern sie transportiert weltanschauliche Grundpositionen. Wissenschaftstheoretisch und wissenschaftshistorisch gesprochen gibt es demnach gute Plausibilitätsgründe dafür,

> *„dass Argumentationsketten nicht nur durch das Bestreben nach einem möglichst widerspruchsfreien und effektiven >Paradigma< vergesellschaftet werden, sondern auch durch den mehr oder weniger bewussten Versuch, >semantische Komplexe< so zu organisieren, dass sie soziale Intentionen rechtfertigen und konkurrierende Ansätze erfolgreich aus dem kulturellen Diskurs verdrängen können."*[43]

Als Beobachter zweiter und höherer Ordnung kann man davon ausgehen, dass der anthropologische Diskurs eine nicht in und an sich zielge-

---

[42] Niklas Luhmann, Das Recht der Gesellschaft, S. 340 f.
[43] Horst Thomé, Autonomes Ich und inneres Ausland, S. 11.

richtete, gleichwohl evolutionäre Selbstbeschreibung des wissenschaftlichen Diskurssystems der Romantik ist.

Wissenschaftsgeschichtlich sind offensichtlich hinsichtlich der Viabilität des Diskurses Zweifel angebracht. Die Fremdbeobachtung der Selbstbeobachtung hat ergeben, dass für eine kurze Zeit eine Kultur der anthropologischen Bestimmungen durch spezifische Begriffssemantisierungen vorgenommen wurde. Dieser Befund soll keine Analyse der Wertigkeit und Richtigkeit wissenschaftlicher Erkenntnisse der Romantischen Anthropologie bedeuten. Es geht nur um die Feststellung, dass die sich kurzzeitig etablierende Semantik des romantisch-anthropologischen Diskurses bald wieder aus dem Wissenschaftssystem v.a. von naturwissenschaftlich-positivistischen Positionen verdrängt wurde.

In der jüngsten Debatte um die Fortführung des Luhmann'schen Gedankenguts werden die Bemühungen um eine Ausarbeitung des Beobachterkonzepts höherer Ordnung eher halbherzig fortgesetzt. Einer der Gründe liegt im Bemühen einer Annäherung an den methodologischen Individualismus, da dieser als neues Paradigma zumindest den sozialwissenschaftlichen Diskurs beherrscht.[44]

Versprochen wird z.B. von Siegfried J. Schmidt ein nicht-dualistischer und prozessorientierter Ausweg von Wirklichkeit und Erkenntnis,

> *"in der ein unlösbarer Zusammenhang zwischen Wirklichkeit, Erkenntnis und Kultur begründet wird. Auf dieser Grundlage wird dann ein Konzept von Wissenschaft als Problemlösung formuliert, in dem Wissenschaft als Fortsetzung der Kultur mit anderen Mitteln gesehen wird, wobei ein nicht-positivistischer Empiriebegriff eingeführt wird, der empirisches wissenschaftliches Handeln als systematisier-*

---

[44] Vgl. zum integrativen Versuch der Verbindung von System- und Handlungstheorie via der wissenschaftstheoretischen Methode der intertheoretischen Links Stefan Schweizer, Politische Steuerung selbstorganisierter Netzwerke, S. 285-320.

tes Problemlösungshandeln von Beobachtern zweiter Ordnung konzipiert."[45]

Die Formulierung des nicht-positivistischen Empirie-Begriffs verheißt altbekannte Einstellungen, welche keine neuen Wege eröffnen. Der von Schmidt skizzierte Lösungsweg ist folglich mitnichten ein neuer Lösungsweg, sondern konstruktivistisch orientiert. Bereits die Terminologie des Beobachters zweiter Ordnung aus dem Zitat erinnert an den systemtheoretischen Konstruktivismus Luhmanns. Wissenschaft, das hat der Altmeister seinen Lesern ins Stammbuch geschrieben, ist ein ausdifferenziertes Subsystem des Gesamtsystems (Gesellschaft).

Das Beobachterkonzept höherer Ordnung ermöglicht dem Wissenschaftler v.a. die Analyse und Interpretation historischer Textkorpora. Ziel dieses Analysevorgangs ist in der Folge die Identifizierung bestimmter Semantiken, welche in einer bestimmten historischen Konstellation beherrschend waren. Die Ersetzung des Kulturbegriffs durch das Semantikkonzept verheißt dann eine v.a. begriffsbasierte kulturelle Überformung und Herrschaft.

Durch den Wissenschaftler auf einer Beobachtungsstufe mindestens zweiten Grades identifizierte gesellschaftliche Semantiken stellen nach Luhmann Selbstbeschreibungen des Gesellschaftssystems dar.[46] Auch hinsichtlich der Semantiken der romantischen Anthropologie lässt sich die These aufstellen, dass diese mit einer bestimmten gesellschaftsstrukturellen Evolution kovariieren und innerhalb dieser eine Funktion erfüllen.

So zeigt Luhmann an der semantischen Entwicklung des Begriffs Liebe auf, dass der Bedarf nach Entwicklung persönlicher Liebesindividualität mit den sozialstrukturellen Bedingungen, v.a. mit der Komplexität und Differenzierungstypik des Gesellschaftssystems, zusammenhängt.[47] Erst unter diesen Voraussetzungen wird eine Semantisierung der Liebe

---

[45] Siegfried J. Schmidt, Kultur als Programm – jenseits der Dichotomie von Realismus und Konstruktivismus, S. 85.
[46] Niklas Luhmann, Gesellschaftsstruktur und Semantik. Band 3, S. 275.
[47] Niklas Luhmann, Liebe als Passion, S. 15

in der Romantik als Zusammenfallen des Widerhalls der eigenen Gefühle und der Natur möglich.[48]

Sind Semantiken überholt und divergieren sie mit der Sozialstruktur, so entsteht nach Luhmann eine Diskrepanz-Erfahrung: „Die Semantik gerät [...] unter Anpassungsdruck, sie ermöglicht aber auch die vorzeitige Fixierung von Ideen, die erst später sozialen Funktionen zugeordnet werden."[49] Dem Diskurs der Anthropologie zur Zeit der Romantik kann man eine restaurativ-konservative, gesellschaftliche Zustände stabilisierende Funktion zuschreiben, ohne dass damit eine Bewertung verbunden wäre. Der gesellschaftliche Status Quo wurde durch die Postulate der Romantischen Anthropologie zementiert.

---

[48] Niklas Luhmann, Soziale Systeme, S. 308
[49] Niklas Luhmann, Die Gesellschaft der Gesellschaft (Band 1), S. 540

2. Heinroths dualistische Leib-Seele-Anthropologie (Stefan Schweizer)

Dieser Monographie liegen mehrere Fragestellungen zu Grunde. Im anthropologischen Diskursgeschehen zur Zeit der Romantik gab es zahlreiche Forschungsrichtungen, Lehrmeinungen und Dispute. Der Gesamtdiskurs zeichnete sich durch Heterogenität aus, eine sich durchsetzende semantische Entwicklungslinie war nicht immer erkennbar. Eine der wesentlichsten Fragen des anthropologischen Diskurses zur Zeit der Romantik (1800-1840) ist diejenige nach der Konstitution des Menschen:

- Ist der Mensch dualistisch, aus Leib und Seele bestehend, angelegt?
- Oder besteht der Mensch, analog den christlichen Bildes Gottes, aus drei Teilen, dem Leib, der Seele und dem Geist?

Die zweite Position wurde durch die Philosophie des Deutschen Idealismus à la Schelling und Hegel unterstützt, welche die Geist-Semantik und Metaphorik des Geistes in den Mittelpunkt ihrer Philosophie stellten. Die Dualisten jedoch waren keine simple Fortführung des Descart'schen Gedankenguts, welches die Epoche der Aufklärung bestimmt hatte.

Im Folgenden wird einer dieser in dualistischer Tradition argumentierenden Autoren rekonstruiert, wobei zugleich dessen Innovationspotential herausgestellt wird. Es handelt sich um Johann Christian Heinroth, welcher auf Grund seines wissenschaftstheoretischen Standpunkts, seiner Forschungsmethodik und seiner inhaltlichen anthropologischen Positionen ein lohnendes Analyse-Beispiel bietet.

Im Mittelpunkt steht beim Dualisten Heinroth die Frage nach dem Wechselverhältnis von Körper und Seele:

- Bestimmt der Körper das Befinden der Seele oder erbaut sich die Seele den Leib?
- Ist die Seele immateriell und wenn ja, wie kann man sie sich vergegenwärtigen?
- Besitzt die Seele (zumindest) eine materielle Ursache?

Diese und weitere Fragen werden aus der Rekonstruktion des heinrothschen Werks heraus zu beantworten versucht. Erstaunlicher Weise, so wird festzustellen sein, ist Heinroth zwar Leib-Seele-Dualist, jedoch gewinnt bei ihm der Geist als Teil der Seele exorbitante Relevanz für die Entwicklung des Menschen und der Menschheit.

Insofern findet hier eine Annäherung an die Trinitarier und die Philosophen des Deutschen Idealismus statt, welche final-teleologische Erlösungskomponenten in den Geist und die mit ihm verbundene Vernunft legten. In diesem Zusammenhang wird erneut eine Frage nach der Beschaffenheit von Körper und Seele wesentlich:

- Wirken (elektro-) magnetische Kräfte auf den Körper oder ist es eher ein abstraktes Prinzip der Urpolarität, welches allen Dingen Leben einhaucht?

Um diese Fragen angemessen beantworten zu können, ist eine umfassende Rekonstruktion des Theoriegebäudes von Heinroth nötig. Dies impliziert Aspekte, die auf den ersten Blick nichts mit den eben skizzierten Fragen gemein haben.

Bei genauerer Überlegung kommt man nicht umhin festzustellen, dass in gewissen Grenzen Heinroths Theorie des Menschen nur als Ganze rekonstruierbar und verstehbar ist. Dies hängt nicht zuletzt mit dem von Heinroth propagierten organizistischen Paradigma zusammen, welches folgerichtig Auswirkungen auf seine inhaltliche Argumentationsstruktur besitzt. Somit ist eine Affinität von Form und Inhalt gegeben.

Johann Christian August Heinroth wurde 1773 in Leipzig geboren. Er war Sohn eines Chirurgen. Zunächst studierte Heinroth in seiner

Heimatstadt Leipzig Medizin. Im Anschluss belegte er kurzzeitig in Erlangen die Fakultät der Theologie.

Anschließend kehrte er nach Leipzig zurück. Dort erlangte er 1805 die medizinische Doktorwürde. An die Promotion schloss sich eine erste Lehrtätigkeit an der Universität Leipzig an. Die Anfertigung der Habilitation erfolgte im Jahre 1806, also ein Jahr nach der Promotion. In den Befreiungskriegen gegen Napoleon diente Heinroth als (preußischer) Militärarzt.

Der durch die Kriegswirren hervorgerufene Dienst unterbrach die akademische Karriere. 1810 konnte Heinroth seine Vorlesungen an der Universität Leipzig wieder aufnehmen. Ein Jahr später wurde Heinroth außerordentlicher Professor. Die außerordentliche Professur umfasste das Themengebiet der psychischen Heilkunde an der Universität Leipzig.

Zugleich war Heinroth praktizierender Arzt am St. Georgenhause. Er war Mitglied mehrerer gelehrter Gesellschaften. Im Alter von 54 Jahren erhielt Heinroth eine ordentliche Professur in seiner Geburtsstadt Leipzig. Die Professur umfasste die Disziplin der psychologischen Medizin. Damit kann Heinroths Lehrprofil im damaligen Institutionen- und Fakultäten-Kanon als spezialisiert beschrieben werden.

Heinroth blieb trotz lukrativer Angebote aus Dorpat und St. Petersburg der Universität Leipzig treu. Er starb im Dekanats-Jahr 1843.

Heinroth kann als philosophischer Arzt betrachtet werden, welcher ein System der psychisch-gerichtlichen Medizin aufgestellt hat. Insofern erwies Heinroths wissenschaftlicher Begründungszusammenhang Entfaltung im außerwissenschaftlichen Verwertungszusammenhang.

Für Heinroth ist außerdem eine philosophisch-theologische Orientierung festzuhalten. Heinroth wandte sich gegen den Deutschen Idealismus, insbesondere Hegel. Vielmehr kann man Heinroth eine Orientierung an Herder zuschreiben.

Der vorliegenden Rekonstruktion der Anthropologie Heinroths wurde v.a. das „Lehrbuch der Anthropologie. Zum Behuf akademischer Vorträge, und zum Privatstudium" zu Grunde gelegt. Das 366 Seiten umfassende Lehrbuch stammt aus dem Jahre 1822.

Der Titel gibt bereits die Form des wissenschaftlichen Lehrbuchs vor. Ein Lehrbuch systematisiert die Summe der Erkenntnisse einer wissenschaftlichen Disziplin vor dem Hintergrund eines bestimmten wissenschaftstheoretischen Standpunktes.

Wichtiges Erkenntnismoment ist, dass nach Heinroth die Anthropologie die Lehre vom ganzen Menschen umfasst und die Psychologie als wichtigen Teilbereich behandelt.[50] Dies überrascht nicht, da Heinroth einen Lehrstuhl für psychologische Medizin innehatte.

Die Struktur des „Lehrbuchs der Anthropologie"[51] ist durch seine Einteilung in drei Teile vorgegeben. Nach der Einleitung werden die Bedingungen des menschlichen Daseins erörtert. Der weitere Teil befasst sich mit den Beziehungen des menschlichen Daseins.

Heinroth konstatiert im Vorwort, dass die Anthropologie ein wissenschaftlicher Lieblingsgegenstand seiner Zeit ist. (L.d.A., S. IV) Anthropologische Grundprämisse Heinroths ist, dass der Mensch ein moralisches Wesen sei. (L.d.A., S. III) Diese Einsicht bildet ebenso den Schluss des Lehrbuchs. (L.d.A., S. 366)

Die Anthropologie ist die Lehre vom Menschen. Ihr Gehalt als wissenschaftliche Lehre liegt darin, dass sie Rechenschaft über die Bedingungen und Beziehungen des menschlichen Daseins geben muss. (L.d.A., S. 1) Der Inhalt der Anthropologie ist der Mensch auf verschiedenen Ebenen, nämlich im Menschen als Einzelwesen und der Menschheit als Gattung. Äußeres wie Inneres, Mannigfaltigkeit und Einheit des menschlichen Wesens bilden Schwerpunkte der Analyse. (L.d.A., S. 2)

Gegliedert wird die Anthropologie in die Bedingungen und Beziehungen des menschlichen Daseins. Die Bedingungen betreffen den Menschen als Individuum, die Beziehungen den Menschen als Gattung. Die Bedingungen des Menschen umfassen z.B. das leibliche Leben, das

---

[50] Franz Hoffmann, Einleitung, S. I
[51] Im Folgenden mit L.d.A. abgekürzt.

Seelenleben, das Geschlecht, das Lebensalter, das Temperament und die Anlagen.

Darüber hinaus werden die Beziehungen der Menschheit zur Natur behandelt, wobei die Dichotomie Natur und Geist im Mittelpunkt steht. Die Beziehungen des Menschen betrachten die Richtungen des allgemeinen menschlichen Daseins hinsichtlich der möglichen Seiten seiner Wirksamkeit. Folgerichtig werden Beziehungen der Menschen zu anderen Menschen einbezogen. Schließlich wird die Beziehung des Menschen auf ein Höchstes hin, nämlich Gott, analysiert. (L.d.A., S. 3 f.)

Die Methode der Anthropologie besteht in der zweckmäßigen, fasslichen und kurzen Wissensvermittlung. Für alle Wissenschaftsdisziplinen gibt es vier verschiedene (methodische) Forschungsstandpunkte.

Der höchste Forschungsstandpunkt besteht im Ausgleichen der Gegensätze. Er „stammt aus dem ausgleichenden Vermögen, der Vernunft, und äußert sich in der Stiftung des Friedens zwischen beiden Parteien, indem ihnen gezeigt wird, daß keine ohne die andere vollständig und selbständig ist."[52]

Als angemessene Methode der Anthropologie betrachtet der Autor die vollständige Beobachtung. Diese Methode ist empirisch. Nur durch sie können die Gesamterscheinungen des Lebens und die Merkmale der menschlichen Verhältnisse und Beziehungen aufgefasst werden. (L.d.A., S. 6)

Beobachtung kann nur die Grundlage erfolgreicher Forschung sein.[53] Heinroth sieht sich als Vermittler zwischen Empirismus und Idealismus, allerdings sind Heinroths Wurzeln und seine Verortung im Empirismus zu suchen, wobei von diesem Punkt aus auf abstrakter Ebene theoriebildend vorgegangen wird. Insofern kann man Heinroth nicht starren materialistisch-empirischen Positionen zuordnen.

---

[52] Johann Christian Heinroth, Ueber die Standpunkte anthropologischer Forschung, S. 372

[53] Johann Christian Heinroth, Ueber den Vortheil des gegenständlichen Denkens in der Anthropologie, S. 390

Die Vernunft bildet das Prinzip des Forschungsstandpunkts von Heinroth. Da die Vernunft göttlichen Charakter besitzt, ist diese naturgemäß als höchstes Prinzip der menschlichen Forschung bzw. Wissenschaft zu verstehen. Vernunfterkenntnis ist demgemäß die höchste und vollendetste.[54] Sie ist „das Vermögen der höchsten Einheit, [...] geborne Schieds- und Friedensrichterin zwischen denen, die auf dem äußeren Extreme der Mannichfaltigkeit, und denen, die auf dem inneren der Einheit stehen: denn die Vernunft, weil ihr Geschäft das Ausgleichen ist, muß beide Elemente in sich haben."[55] Quelle aller Einheit der beobachteten empirischen Phänomene bilden der Geist, der Gedanke und der Ausdruck des Gedankens als Idee.[56]

Ideen realisieren sich in konkreten und materiellen Ausprägungen.[57] Heinroth verortet die Anthropologie als an der Spitze des Disziplinen-Gefüges stehend. Darüber hinaus bildet die Anthropologie den Anfangs- und Endpunkt der Natur und des Geistes.

Es ist das Kennzeichen der Wissenschaft, die Natur durch den Geist und den Geist durch die Natur zu erklären.[58] Die Natur ist durch die Sinne gekennzeichnet, der Geist durch das Bewusstsein bzw. die Vernunft. Deutlicher wird Heinroth, als er das Verhältnis der Anthropologie zur Philosophie reflektiert. Die „Naturlehre wie die Philosophie hat ihre Wurzeln wie ihren Gipfel in der Anthropologie." (L.d.A., S. 7)

Hiermit wird in aller Deutlichkeit ein Paradigmenwechsel von der Philosophie zur Anthropologie propagiert. Die Kritik an der Philosophie bezieht sich sowohl auf Erkenntnisleistungen als auch den disziplinären Status. Ihre Würde gewinnt die Anthropologie dadurch, dass sie den

---

[54] Johann Christian Heinroth, Grundzüge der Naturlehre des menschlichen Organismus, S. 2
[55] Johann Chrisian Heinroth, Ueber die Standpunkte anthropologischer Forschung, S. 372
[56] Johann Christian Heinroth, Ueber den Vortheil des gegenständlichen Denkens in der Anthropologie, S. 390
[57] Johann Christian Heinroth, Grundzüge der Naturlehre des menschlichen Organismus, S. 163
[58] Johann Christian Heinroth, Grundzüge der Naturlehre des menschlichen Organismus, S. 5

Menschen aus der Zerstreuung zu sich selbst zurückzuführen in der Lage ist. Dieses Merkmal besitzt die Anthropologie mit der Religion, der Kunst und der Wissenschaft gemeinsam.

Anthropologie ermöglicht dem Menschen die Achtung vor sich und die Veredlung seines Wesens. (L.d.A., S. 8) Wissenschaft entwickelt sich aus der Poesie, Beobachtung und Reflexion. (L.d.A., S. 9) Anthropologische Erörterungen spielten bei theologischen Erörterungen vieler Kirchenväter wie Albertus Magnus und Thomas von Aquin eine entscheidende Rolle. (L.d.A., S. 13) Nachreformatorisches anthropologisches Denken ist durch eine freiere Qualität des Denkens gekennzeichnet. (L.d.A., S. 14)

Thomas Hobbes verfocht einen strengen materialistischen Empirismus. John Locke kommt das Verdienst zu, die Empirisierung radikalisiert zu haben, da nunmehr alle Erkenntnisse einen sinnlichen Ursprung besitzen. Heinroth gesteht den Engländern das Verdienst zu, dass ihre gesamte Philosophie Anthropologie ist. (L.d.A., S. 16)

Auch Franzosen erfahren Lob und Wertschätzung. Bereits im 16. Jahrhundert konnten sie das Joch der scholastischen Philosophie abschütteln und sich dem Menschen als eigentlichem Gegenstand der Philosophie zuwenden. Descartes wird als Spiritualist charakterisiert, der gleichwohl die Bedeutung des Leiblichen sah.

Spinoza ist der Pate von Schellings Identitätsphilosophie. (L.d.A., S. 19 f.) In Deutschland revolutionierte Kant die Philosophie, indem er den Materialismus und Spiritualismus vernichtete. Fichte wies Schelling durch die Einseitigkeit seiner Behauptung der Parallelität der Natur mit der Intelligenz den Weg zur Versöhnung des Geistes mit der Natur. Schelling hat dadurch die Vollendung der Anthropologie begonnen.

Heinroths Fazit lautet, dass die Anthropologie aus den Bedürfnissen und Anlagen des Menschen bildlich und poetisch entspringt

> *„und sich späterhin in dem Schooße der Philosophie, der allgemeinen Mutter und Pflegerin der Wissenschaften, ihrer Reise entgegen bildet. Der Zeitpunkt scheint gekommen zu seyn, wo sie sich in ein freies, selbstständiges Leben wagen und sich durch eigene Kraft erhalten kann."* (L.d.A., s. 33)

Metaphorisch wird beschrieben, dass sich die Anthropologie aus der Obhut der Philosophie entwickelt hat. Zugleich wird der Jetzt-Zustand von Heinroth dahingehend als signifikant erkannt, als dass die Anthropologie als Disziplin sich von der Philosophie lösen und ein eigenes und die Philosophie übertreffendes Dasein führen soll.

Die Bedingungen des menschlichen Daseins bilden wie gesagt den ersten Teil des anthropologischen Lehrbuchs, zunächst der Charakter des Menschenlebens. Dazu gehört die Frage nach den Merkmalen und Charakteristika des Lebendigen überhaupt.

Lebendigkeit kann sich als Pulsschlag, Atmen, Verdauung, Gedanken und Handlungen etc. manifestieren. Erregung wird durch äußere Reize bedingt. Das Innere muss die Fähigkeit besitzen, auf diese Reize zurückzuwirken, was unter dem Etikett der Erregbarkeit firmiert. Erregung stellt den allgemeinsten Lebenscharakter dar. (L.d.A., S. 35)

Damit bewegt sich Heinroth im Vorstellungskreis des wirkungsmächtigen englischen Arztes John Brown, welcher den medizinischen Diskurs der Aufklärung maßgeblich prägte. Das Menschenleben zeichnet sich durch das Bewusstsein, die Freiheit und den Geist aus, welcher Selbstbestimmung ermöglicht.

Der Mensch ist Teil der Natur:

> *„Als Natur-Wesen theilt der Mensch den Charakter des gesammten Naturlebens: er ist Thier, Pflanze, Stoff, Körper; er hat ein äußerliches, leibliches Leben. Als Geistes-Wesen ist er ein selbst bewußtes Ich, und hat als solches ein innerliches, ein Seelenleben. Wir sind aber durch die Gesetze unseres Bewußtseins genöthiget, das leibliche Leben als Werkzeug, als Organ, als Dienendes zu betrachten, und es dem Seelenleben als höherem, herrschendem, unterzuordnen."* (L.d.A., S. 36 f.)

Im Menschen vereinigt sich eine vegetative und animalische Komponente.[59] Darüber hinaus spielt der Geist eine entscheidende Rolle. Er ermöglicht ein bewusstes Ich und Seelenleben.

Zugleich wird eine hierarchische Stufenfolge skizziert. Das leibliche Leben dient als Werkzeug bzw. Organ dem Seelenleben, das Seelenleben steht höher als das leibliche Leben. Es fällt auf, dass nicht von einer expliziten Trennung von Geist und Seelenleben die Rede ist. Vielmehr ist ein Leib-Seele-Dualismus zu verzeichnen.

Trotz der Differenz von Leib und Seele ist der gesunde Mensch eins, er bildet ein lebendiges Ganzes. Nur vom Menschen hervorgebrachte Werke sind zusammengesetzt.[60] Menschliches Bewusstsein konstituiert sich durch ein äußerlich-objektives und ein innerlich-subjektives Moment.[61] Der Autor summiert seine Ausführungen zur Seele:

> „Wir aber, die wir uns im vollen, lebendigen Bewusstseyn auffassen, nennen [...] unser inneres, unsichtbares, Eines, in dem Namen Ich zusammengefaßtes, Freude und Leid fühlendes, denkendes, dichtendes, Thaten beschließendes und ausführendes Wesen: Seele, im Gegensatz gegen unser äußerliches, räumliches, leibliches Ich und Leben."[62]

Das Seelenleben umfasst die inneren Komponenten des menschlichen Daseins, welche zum Handeln anleiten. Das leibliche Leben ist die Bedingung, dass der Mensch in der Räumlichkeit bestehen kann. Zugleich dient es der inneren psychischen Entwicklung.

Selbstbildung, Selbsterhaltung[63] und Selbstständigkeit bilden die Organisationsform des menschlichen Leibes. (L.d.A., S. 39) Die Organisa-

---

[59] Johann Christian Heinroth, Grundzüge der Naturlehre des menschlichen Organismus, S. 22
[60] Auch Carus hält diesen Aspekt der heinrothschen Lehre für zentral. Vgl. Carl Gustav Carus, Vorlesungen über Psychologie, S. 2
[61] Johann Christian Heinroth, Grundzüge der Naturlehre des menschlichen Organismus, S. 111
[62] Johann Christian Heinroth, Über die doppelte Bedeutung des Begriffs Geist, S. 405 f.
[63] Bereits auf der animalischen Stufe realisiert der Trieb die Selbsterhaltung. Johann Christian Heinroth, Grundzüge der Naturlehre des menschlichen Organismus, S. 70

tionsform der leiblichen Komponente des Menschen ist selbstorganisierend.

Die Seele stellt die zeitliche Dimension des menschlichen Lebens dar. Die Kategorien Raum und Zeit werden durch den Körper (Raum) und die Seele (Zeit) besetzt. Entgegen bisherigen Lesarten kann das Zeitliche sich nicht das Räumliche erzeugen, die Seele kann sich ihren Körper nicht erschaffen. Damit wird die empirisch-materialistische Ausrichtung Heinroths deutlich. Vielmehr wird die Seele bzw. das Zeitleben des Menschen

> „seiner Entwicklung und Erhaltung nach selbst erst durch das Raum-Leben bedingt; obschon es ein eben so großer Irrthum ist, zu sagen, daß das Seelenleben ein Erzeugnis, gleichsam die Blüthe des leiblichen Organismus sey. Gleiches kann nur Gleiches erzeugen; und es ist selbst ein Naturgesetz, daß Erscheinungen entgegengesetzter Art nur von entgegengesetzten Bedingungen abhängen können. Die Wechselglieder der Erregungsprozesse in der Natur bedingen sich, aber erzeugen sich nicht gegenseitig ... Und auch das Menschenleben ist ein solcher Erregungsprozeß, dessen Wechselglieder in Raum und Zeit liegen." (L.d.A., S. 40)

Da Raum und Zeit unterschiedliche Kategorien sind, können sie sich zwar gegenseitig bedingen, aber nicht erzeugen. Damit widerspricht Heinroth damals gängigen Vorstellungen, dass der Leib die Seele oder die Seele den Leib hervorbringen könne.

Zwar bedingen sich räumliche und zeitliche Kategorien des menschlichen Körpers. Raum wird äußerlichen, die Zeit innerlichen Merkmalen zugeschrieben.[64] Betont wird gleichwohl, dass eine Erzeugung der einen Kategorie durch die andere nicht möglich ist. Die dahinter stehende wissenschaftstheoretische Prämisse lautet, dass nur Gleiches Gleiches zu erzeugen in der Lage ist.

---

[64] Johann Christian Heinroth, Grundzüge der Naturlehre des menschlichen Organismus, S. 28

Dieses Gesetz wird durch einen Analogiegedanken verstärkt: „Gleiche organische Functionen müssen auch räumlich durch gleiche Organe ausgedrückt seyn."[65] Es bleibt die Frage nach dem Entstehungs- bzw. Erzeugungsgrund der räumlichen und zeitlichen Kategorie. Hierzu wird eine bildende und nicht sichtbare Kraft angenommen, die Wurzel und Träger des räumlichen und zeitlichen Daseins ist. (L.d.A., S. 41)

Konkretisiert kann der Mensch nur werden, da ihm eine Idee zugrunde liegt. Ebenso konkretisiert sich in der Pflanze und dem Tier eine Idee.[66] Es ist das Prinzip der sondernden, begrenzenden und unterscheidenden Kraft, welches den Menschen ausmacht.

Die durch Form bestimmte Kraft heißt Seele.[67] Merkmal der bildenden Kraft ist es, ein Schema bzw. eine ideelle[68] Konstruktion des Menschen entworfen zu haben. Dieses erfährt durch die leibliche Bildung des Menschen seine Ausprägung. (L.d.A., S. 42)

Erneut zeigt sich der von ihm reklamierte ausgleichende Forschungsstandpunkt, welcher ihn als Mittelsmann zwischen den polaren Forschungsrichtungen erscheinen lässt.[69]

Räumliche Entwicklung ist stufenweise denkbar. Tätigkeitsmomente der bildenden Kraft können als Bildungs- und Schöpfungsakte bezeich-

---

[65] Johann Christian Heinroth, Grundzüge der Naturlehre des menschlichen Organismus, S. 39

[66] Johann Christian Heinroth, Grundzüge der Naturlehre des menschlichen Organismus, S. 106

[67] Vgl. dazu Johann Christian Heinroth, Grundzüge der Naturlehre des menschlichen Organismus, S. 16 f.

[68] In den früheren Arbeiten Heinroths wird von einer idealistisch inspirierten Dichotomie von subjektiv-ideellem und objektiv-reellem ausgegangen. Dies wird durch die Begriffe des Erkannten und Erkennenden sowie der Natur und den Geist ausgebaut. Vgl. hierzu Johann Christian Heinroth, Grundzüge der Naturlehre des menschlichen Organismus, S. 4

[69] Johann Chrisian Heinroth, Ueber die Standpunkte anthropologischer Forschung, S. 386

net werden.[70] (L.d.A., S. 43) Überraschend ist, dass Heinroth nicht theoretisch erklärt, wie die Idee der bildenden Kraft zustande kommt. Hier existiert ein Theoriedefizit.

Vielmehr findet sich eine sukzessive Deskription des menschlichen Zeugungs- und Bildungsprozesses. Zeugung entsteht durch den Reiz des Vaters und die Reaktion der Mutter. Daraus ergibt sich ein polarisches Wechselverhältnis, aus dem ein Ei entsteht. (L.d.A., S. 44)

Nach der „Einbildung" entstehen Rudimente der Frucht. Anschließend bilden sich eine Nabelschnur und ein Mutterkuchen. Danach sind die ersten Ausbildungen von Leben-Herden der Frucht möglich. Als nächstes werden der Kopf, der Rumpf und die Extremitäten ausgebildet. Schließlich formiert sich in der Frucht ein Empfindungs- und Bewegungsleben. (L.d.A., S. 45-56) Mit der Geburt beginnt das psychische Leben des Menschen. Es entwickelt sich von der vegetativen Stufe des Gemeingefühls an.

Nach der Abnabelung von der Mutter wird das Blut als Öl der Lebensflamme und Quelle der leiblichen Vollendung beschrieben. V.a. durch das Blut ist die Selbsterhaltung des Menschen möglich. Dies wird dadurch deutlich, dass Heinroth behauptet, dass das Leben selbst im Blute wohnt. Blut bildet die (stoffliche) Materialität aller organischen Gebilde und den Reiz aller Lebenserregung.

Der Mensch ist im oben beschriebenen Stadium eine Menschenpflanze. Funktion der Pflanze ist die räumliche Darstellung der Einheit in der Mannigfaltigkeit.[71]

Die Lunge bildet den Herd, welcher die Flamme des Lebens fortlaufend anfacht. (L.d.A., S. 57 ff.) Via Blut sind die Mittel der Selbsterhaltung, Bildung und Erregung des äußerlichen Lebens gegeben. Die erste Organen-Reihe dient der Erhaltung. Bildungsorgane stellen die zweite

---

[70] „Aller Bewegung Anfang und Ziel ist in der Bildung, im Ruhenden befangen, so wie aller Zeit Anfang und Ziel im Raume hat." Johann Christian Heinroth, Grundzüge der Naturlehre des menschlichen Organismus, S. 167

[71] Johann Christian Heinroth, Grundzüge der Naturlehre des menschlichen Organismus, S. 24

Reihe der Organe dar. Nervenmasse bildet die grundlegende Substanz der Erregungsorgane (dritte Organen-Reihe).

Dabei werden dreierlei Arten von Erregung der Nervensysteme unterschieden: das Hirnsystem, das Rückenmarkssystem und das Gangliensystem. (L.d.A., S. 59)

Die Wirkungsweise des organischen Lebens wird von Heinroth wie folgt charakterisiert:

> Das „leibliche Leben bestehe durch die Geamtthätigkeit seiner Gebilde. Jetzt ist nachzuweisen, wie dieß geschieht: nehmlich durch wechselseitiges Ineinandergreifen dieser Gebilde und ihrer Thätigkeit. Die erhaltenden Organe geben den bildenden ihren Stoff, und diese dem ganzen Organismus, und folglich auch den Erregungsorganen, die Form und das Bestehen. Alles dieß aber geschieht nur mittelst der Erregung selbst, welche durch die Erregungsorgane bedingt ist. Und so läuft die ganze Kette der organischen Gliederung ineinander, ein Glied bedingt das andere, und setzt es zu seinem eigenen Verstehen und Wirken voraus. Es giebt im vollständigen organischen Leben kein Erstes und Letztes, sondern blos wechselseitige Bedingung und Wechselwirkung." (L.d.A., S. 62 f.)

Ein kausalmechanistischer Determinismus i .S. des Aufklärungsparadigmas kommt bei Heinroth nicht vor. Der Autor bemüht das Bild des Organismus. Im Organismus bedingen die Reihen der Organe einander. Der Grund dieser Bedingung liegt in der Erregungstätigkeit.

Im Organismus gibt es keine Hierarchien und final-teleologischen Abläufe. Organismus-Vorstellungen werden radikalisiert und spezifiziert. Alles greift ineinander über und bedingt sich gegenseitig und wirkt aufeinander. Allerdings besitzt der Organismus den Charakter des Notwendigen und des Gesetzlichen.[72]

---

[72] Johann Christian Heinroth, Grundzüge der Naturlehre des menschlichen Organismus, S. 9

Heinroth schreibt: „Hier ist nichts zufällig; alles gehört zum Ganzen, und ist ein Theil ein Werkzeug, so wie das Ganze wiederum Werkzeug des Theiles ist."[73] In seiner Gesamtheit kann man das organische Leben einen magnetisch-chemisch-elektrischen Prozess nennen. (L.d.A., S. 64)

Eine Richtung des organischen Lebens geht nach außen, auf die Natur, die andere nach innen bzw. nach dem Seelenleben des Menschen. Empfindungs- und Bewegungsorgane bilden die Übergangspunkte des Raumlebens in das Zeitleben und umgekehrt. (L.d.A., S. 64) Als tiefste Naturkraft wird die magnetische genannt. (L.d.A., S. 66)

Es ist die Aufgabe des Verstandes, Entgegensetzungen und Ungleichheiten in der Natur zu trennen, wodurch Prinzipien wie organisch und unorganisch entstehen.[74] Polarisch stehen sich die Prinzipien der Expansion und Kontraktion entgegen. Ersteres führt zum Tode (da es zersetzt) und das zweite zum Leben (da es bindet). (L.d.A., S. 68)

Die Ladung der Nerven wie auch die Entladung der Muskeln ist als elektrischer Akt anzusehen. (L.d.A., S. 69) Bewegung dient der Erhaltung, Empfindung oder Äußerung des inneren Lebens. (L.d.A., S. 72) Obwohl das physische nicht das psychische Leben hervorbringen kann, so bildet es doch die Basis dafür. Methodisch Heinroth summiert den Ertrag seiner bisherigen Ausführungen wie folgt:

> *"Wenn sich einerseits in der Gliederung der Muskeln eine Zweckmäßigkeit ausspricht, welche nur von dem Standpunkte des psychischen Lebens aus begriffen werden kann, und wenn auf diese Weise die Muskeln offenbar als Organe, Träger und Hüllen des nach außen gewendeten psychischen Lebens erscheinen; ja, wenn sogar der Grad der Muskelkraft den Grad der geistigen Thatkraft, oder der Willensstärke bezeichnet: so stehen anderer Seits das Gefäß- und Nervensystem in nicht geringerer Berührung mit der inneren*

---

[73] Johann Christian Heinroth, Grundzüge der Naturlehre des menschlichen Organismus, S. 10
[74] Johann Christian Heinroth, Grundzüge der Naturlehre des menschlichen Organismus, S. 11

> *Seite des psychischen Lebens, als Organe, Träger und Hüllen desselben. Die Größe, Stärke und Kraft des Herzens entspricht der Lebhaftigkeit der Gefühle und der Energie des Gemüths, und die begehrende [...] Liebe desselben scheint durch die wechselnde Ausdehnung und Zusammenziehung des Herzens angedeutet zu seyn; wie denn der alte allgemein nationale Volksausdruck, welcher Gemüth und Herz für gleichbedeutend setzt, mehr als Bild, wahre Ahnung des inneren Zusammenhangs vom Leben des Gemüths und des leiblichen Herzens seyn mag. Auf gleiche Weise ist die Leber [...] vorzüglich von den Alten für den Sitz des Zornes und Hasses gehalten worden; eine Meinung, die, wie jene vom Herzen, als dem Sitz der Liebe, nicht ohne pathologische Bestätigung ist." (L.d.A., S. 73 f.)*

Im Grad der Muskelkraft spiegelt sich der Grad der geistigen Tatkraft bzw. Willensstärke. Gefäß- und Nervensystem sind Organe, Träger und Hüllen des psychischen Lebens.

Insofern wird zwar kein kausalanalytischer Einfluss im Sinne einer Erzeugung des Psychischen aus dem Physischen postuliert. Dennoch zeigt sich die Abhängigkeit bzw. die Bedingtheit der psychischen von der physischen Seite. Die Physis ist nicht Grund oder Ursprung der Psyche, gleichwohl aber Hülle und Entwicklungsstätte derselben.

Um das schwierige und wenig fassbare Gebiet der Entwicklung des Seelenlebens zu beschreiben, benutzt Heinroth ein eingängiges Bild. Das Seelenleben entwickelt sich aus dem leiblichen Leben wie das Kind aus dem Schoß der Mutter.

Damit untermauert der Autor die Theorie, dass das leibliche Leben das seelische bedinge, aber nicht hervorbringe. Darüber hinaus stellt das leibliche Leben den Fruchthalter dar, welcher die Frucht des Seelenlebens in sich birgt. (L.d.A., S. 75)

Das Seelenleben entwickelt sich aus der inneren Einheit einer gesetzlich bildenden Kraft. Folglich entwickelt sich die Seele von innen heraus nach außen hin. Mittelpunkt des Seelenlebens bildet das Gefühl bzw.

der Gefühlssinn.[75] Mensch- und Bewusstsein erwacht mit der Stunde der Geburt. Sinn,[76] Gefühl und Trieb entstehen ebenso zur Stunde der Geburt. (L.d.A., S. 76)

Der Trieb ist exzentrisch oder konzentrisch, expansiv oder kontraktiv.[77] Nach und nach entwickeln sich die anderen Sinne, wie der Gehör-, Tast-, Seh- und Gesichtssinn. (L.d.A., S. 77-80)

Das Vorstellungsvermögen steigert sich zum Bewusstsein erster Stufe. Es umfasst das Weltbewusstsein. Mit der Aufmerksamkeit gedeihen die Fassungskraft und Einbildungskraft, welche zugleich den Verstand darstellen. Parallel dazu entwickelt sich das Gedächtnis, welches jetzt Bekanntes von Unbekanntem unterscheiden kann und somit eine Urteilskraft auf der niedrigsten Stufe darstellt.

Ebenso erwacht das Sprachvermögen. Insgesamt wird sich das Kind seiner ihn umgebenden Welt bewusst. Die erste Stufe des Bewusstseins, das Weltbewusstsein, ist somit erlangt. (L.d.A., S. 81 f.) Das Weltbewusstsein steigert sich zum Bewusstsein seiner selbst. Die Differenzierung der Sinne ermöglicht dem Kind eine Unterscheidung von Innen und Außen. Ursprünglich nach außen intendierte Tätigkeit kehrt sich nach Innen. Das Kind erlernt Selbstbetrachtung und Selbstbeschäftigung. Bilder der Einbildungskraft verhelfen zu einer Art Vorstellungsvermögen. (L.d.A., S. 83 f.)

Das Selbstbewusstsein wird zum Vernunftbewusstsein fortgeführt. Es ist dem Menschen die Anlage zur Sprache eingeboren, welche sich im Laufe der Zeit perfektioniert. Mit der Sprachfähigkeit wachsen der Verstand und die Urteilskraft. Dadurch wird das vertiefte analytische Inte-

---

[75] Allerdings teilt der Mensch mit den Tieren und der Pflanzenorganisation Gefühle. Johann Christian Heinroth, Grundzüge der Naturlehre des menschlichen Organismus, S. 89

[76] Die Eigenschaft des Sinns besteht in der Fähigkeit des Individualisieren-Könnens. Johann Christian Heinroth, Grundzüge der Naturlehre des menschlichen Organismus, S. 12

[77] Johann Christian Heinroth, Grundzüge der Naturlehre des menschlichen Organismus, S. 165

resse an den Dingen und ihren Verhältnissen geweckt. Der Verstand ist die Basis zur Bewältigung weltlicher Dinge.

Erkenntnistrieb und Vernunft stehen in einem engen Zusammenhang. Die Vernunft offenbart sich als metaphysischer Trieb, da er durch das (kindliche) Streben nach der höchsten Einheit und dem Ursprung (aller Dinge) geleitet wird. Vernunftbewusstsein korreliert mit dem Gefühl für Recht und Unrecht bzw. Gerechtigkeit.

Dem Kinde erscheint alles als wahr und gewiss, weshalb der (religiöse) Glaube die Vernunft des Kindes am ehesten spiegelt. (L.d.A., S. 85 f.) Glaubensentwicklung hängt eng mit der Frage des Seelenlebens zusammen. Es ist die Bestimmung des Menschen die harmonische Entwicklung all seiner Kräfte zum vollendeten Leben hin zu betreiben. Dazu ist die Sicherheit des Glaubens erforderlich.

Heinroth bettet die Glaubensfrage in eine wissenschaftliche Art der entwicklungspsychologischen Genese der Menschheits- bzw. Individualentwicklung ein. Lesen sich die Ausführungen zur Vermögensentwicklung des Menschen „objektiv", so werden jetzt Sachverhalte transportiert, die den Boden der physiologisch-anthropologischen, wissenschaftlichen Argumentation verlassen. Die Merkmale des Glaubens und der teleologischen Grundausrichtung des Menschen entsprechen nach Heinroth den empirisch anzutreffenden anthropologischen Befunden. Anders formuliert: Der Mensch trägt die genannten Merkmale aus einer inneren Notwendigkeit heraus nach außen.

Gemüt, Geist und Wille werden vom Band des Glaubens zusammengehalten und ermöglichen dem Menschen eine Entwicklung zum höchsten Leben: „Der Geist soll das Höchste erkennen, das Gemüth es lieben, und der Wille erstreben." (L.d.A., S. 86) Durch den Sinn und den Trieb wird das Gefühl als Kulminationspunkt des inneren Lebens bis zum Bewusstsein gesteigert.

Die weiteren Entwicklungsgesetze des Seelenlebens im Allgemeinen nehmen sich so aus:

> *"Durch Sinn und Trieb wird das Gefühl gesteigert bis zum Bewußtseyn. Das zum Bewußtseyn erwachte Gefühl wird umgewandelt zum Gemüth, der zum Bewußtseyn erwachte Sinn zum Geiste, der zum Bewußtseyn erwachte Trieb zum Willen. Alle wirken in der früheren gesetzlichen Ordnung erregend aufeinander ein [...] Das Gemüth wird durch Geist und Willen entwickelt und vollendet."* (L.d.A., S. 87)

Wie ersichtlich findet eine mehrfache Transformation in der Entwicklung des Seelenlebens statt. Gefühl wird zu Gemüt,[78] Sinn zum Geist und Trieb zum Willen.

Gemäß der Axiomatik ist ein interdependent-zirkulär angelegtes Wirkungsgeflecht zu identifizieren, da von einer gegenseitigen Bedingung und Beeinflussung, aber nicht von einer Hervorbringung bzw. Erschaffung die Rede ist.

Elemente des Geistes sind die Freiheit und Gesetzlichkeit. Bereits durch diese Charakterisierung wird deutlich, dass sich Heinroth in diesem Punkt maßgeblich auf Kant beruft, z.B. auf dessen „Kritik der reinen Vernunft". Der Geist ist freie und gesetzliche, mit Bewusstsein beschränkende Tätigkeit. Zeit ist das Medium des Geistes.

Damit wird offenbar, dass der Geist bei Heinroth immaterieller Natur ist. Es ist der Verstand, welcher die Welt erfasst und diese aus ihrer Mannigfaltigkeit zur Einheit des Geistes bildet.[79] Welt- und Geisterzeugung verlaufen parallel. Dimensionen des Geistes sind folgerichtig die Gegenwart, die Vergangenheit und die Zukunft.

Dabei werden das Vergangene und das Gegenwärtige als Ursache und Wirkung unterschieden, weil letzteres aus ersterem resultiert. Die Zukunft vermag es, die Gegenwart und die Vergangenheit auszugleichen. Zukunft wird als das Reich der Möglichkeiten verstanden, da Sein und Werden wechselseitig ineinander aufgehen.

---

[78] Das Gemüt ist eine aus Willen und Geist erzeugte Synthese. Johann Christian Heinroth, Grundzüge der Naturlehre des menschlichen Organismus, S. 143

[79] Johann Christian Heinroth, Grundzüge der Naturlehre des menschlichen Organismus, S. 137

Im Begriff der Wechselwirkung[80] liegt die „Vollendung aller Erkenntniß des Seyns als Grund, des Werdens als Zweck. Der Geist hat den Gipfel seiner Entwicklung erreicht." (L.d.A., S. 91) Teleologisch-finaler Entwicklungspunkt des Geistes stellt ein Zeitpunkt in der Zukunft dar.

Äußerungen und Äußerungsarten des Geistes gibt es verschiedene. Dazu gehören die Einbildungskraft, das Gedächtnis, die Phantasie, der Verstand, die Urteilskraft und die Vernunft. Bildende und beschränkende Tätigkeit bilden das Wesen des Geistes. Dabei gilt die Paradoxie, dass Bilden ein Beschränken bedeutet.

Diese Paradoxie wirkt auf den Geist dergestalt zurück, dass der Geist teils bewusstlos (Sinn, vorwaltend auffassendes Vermögen mit dem Produkt der Empfindung[81]) und teils bewusst bildet (Geist als er selber, selbsttätiges Vermögen und dem Produkt des Gedankens). (L.d.A., S. 92)

Die Beschreibung des Verhältnisses vom menschlichen Geist zu seiner Seele nimmt sich so aus:

> „Nehmlich, nach der hier gegebenen Erklärung ist, was wir Geist zu nennen hätten, ein besonderes Glied unserer Seele, oder bestimmter, ein besonderes System in unserem psychischen Organismus: eine specielle Kraft der universellen Seelenkraft, oder des inneren unsichtbaren Lebens, welches sich in der Vorstellung Ich zusammenfasst. Nach dieser Ansicht, wie sie [...] aufgestellt worden, gehört also der Geist - das Denkvermögen, als erkennendes und bildendes – dem Ich, der Seele selbst, wesentlich an, ist ihr Theil, ist einer der

---

[80] Prinzipien der Wechselwirkung bestimmen das Gewebe der vegetabilisch-organischen Funktionen, welche in der Gestaltung münden. Vgl. Johann Christian Heinroth, Grundzüge der Naturlehre des menschlichen Organismus, S. 25 f.
[81] Die Empfindung ist die Bedingung, welche im Spiegel des Bewusstseins das Ich als unfrei erscheinen lässt, gleichwohl aber die Freiheit des Wesens zu Tage fördert. Vgl. Johann Christian Heinroth, Über die doppelte Bedeutung des Begriffs Geist, S. 413

Fäden, aus welchen ihr inneres, unsichtbares Wesen gewebt ist."[82]

Der Geist ist demnach Teil der Seele. Genauer wird der Geist als eine spezifische Funktion der Seele verzeichnet.

Damit bewegt sich Heinroth in anthropologisch-dualistisch inspirierten Vorstellungen, die postulieren, dass der Mensch aus zwei Teilen, nämlich einem Körper und einer Seele, besteht. Der Geist ist gleichwohl wichtig für die Entwicklung des Menschen und der Menschheit, aber er ist eben nur Bestandteil der Seele. Das unsichtbare Leben (Ich) besteht aus der Seele. Von der Seele ist der Geist ein Bestandteil unter mehreren, wenngleich auch der wichtigste.

Erscheinungen und Produkte des Geistes sind Wissenschaft und Kunst, sie verlaufen von ihrer Entstehungsstruktur diametral.

Geht die Richtung des Geistes von außen nach innen, so ist er zentripetal tätig. Dadurch strebt er nach vollständiger Erkenntnis und das Produkt heißt Wissenschaft.[83] Wissenschaft ist eine Form des Wissens, welche Wissen völlig inne haben möchte. Eine Wissenschaft der Natur, der Geschichte und der Ideen (Metaphysik) wird vom Geist gesucht. Allgemein heißt das Streben des Geistes nach Wissen Philosophie. Andere Wissenschaftsformen sollten in die Philosophie inkorporiert werden.

Nimmt der Geist die Richtung von innen nach außen, dann ist er zentrifugal tätig. Hier soll die Einheit in die Mannigfaltigkeit inkorporiert werden. Bildende und schöpferische Vermögen münden im Ziel der Kunst.

Die Entwicklungsgeschichte des Willens beginnt mit dem früh im Menschen erwachenden Trieb. Der Trieb beginnt als Erhaltungs- und Nahrungstrieb. Der Bewegungstrieb mündet in der Vollendung des Triebs als Spieltrieb. Es ist der Geist, der die Triebentwicklungen begleitet.

---

[82] Johann Christian Heinroth, Über die doppelte Bedeutung des Begriffs Geist, S. 407
[83] Wissenschaft ist eine mit dem Geist identische Welt. Johann Christian Heinroth, Grundzüge der Naturlehre des menschlichen Organismus, S. 142

Freiheits-, Erkenntnis- und Bildungstriebe werden vom Verstand geleitet. Gemäß Heinroth ist es bereits an den Tieren zu erkennen, dass kein Trieb ohne Sinn und Zweck vorhanden bzw. verliehen ist.[84]

Entscheidet sich der Wille für die Vernunft, so ist er gut, entscheidet er sich gegen sie, so ist er böse. Wird der Wille vom (christlichen) Glauben gestützt, so neigt er sich zwangsläufig der Vernunft zu. Eigentlich fordert die Vernunft die innerste Quelle des Seelenlebens als ursprüngliches Gefühl des reinen und ungetrennten Lebens.

Ein rein-vernünftiger Wille gebiert dann Religion und Tugend, welche wie Wissenschaft und Kunst, zwei Seiten derselben Medaille sind. Religion und Tugend bedingen und fördern sich ebenso wie Kunst und Wissenschaft. (L.d.A., S. 95 ff.) Das Gemüt wird durch den Geist und den Willen entwickelt und vollendet. Gemüt ist identisch mit dem Selbstinnewerden des Menschen, weshalb es der Kern des Seelenlebens ist und folglich weiterer Ausführung bedarf:

> *„Das Leben in Erkenntniß und That fördert nur die Sache des Gemüthlebens, dessen Ziel Befriedigung auf den verschiedenen Entwicklungsstufen des menschlichen Daseyns ist. Schon vor der Erscheinung des Bewußtseyns, wo das Gemüth zwar nur noch dunkles [...] Gemüth ist, wird es der Befriedigung seines Bedürfnisses inne in der Lust. Die Befriedigung ist auf dieser Stufe die Erhaltung, die Ernährung, die ungehemmte Äußerung des physischen Lebens. Mit dem Bewußtseyn wird, wie das Gefühl zum Gemüth, so Bedürfniß, Befriedigung und Gegenstand beider gesteigert, indem Alles dieß vergeistigt wird. Das Leben überhaupt wird ein geistiges Leben [...] Das mit sich selbst noch nicht bekannte Gemüth hat blos das Bedürfnis des Lebens, das seiner selbst bewußte Gemüth aber hat das Bedürfnis der Liebe. Die Liebe ist das geistig gewordene Leben. Das Gemüth liebt und seine Liebe kann in dem freien Kreise des Bewußtseyns nur durch den Geist oder den Willen, nur durch den Gedanken oder die That, befriediget."* (L.d.A., S. 98 f.)

---

[84] Johann Christian Heinroth, Ueber Erziehung und Selbstbildung, S. 4

Zunächst möchte das Gemüt seine Bedürfnisbefriedigung auf der Basis der Lust realisieren. Diese Stufe wird mit der körperlichen Entwicklung gleichgesetzt. Hier befindet sich der Mensch auf der Stufe der Selbsterhaltung und der Nahrungsbefriedigung.

Durch die Einbeziehung des Bewusstseins erfolgt eine Vergeistigung der Prozesse. Nun wird die (physische) Lust in das Bedürfnis der (weniger körperlichen als vielmehr ideellen) Liebe transformiert. Die Liebe ist Kulminationspunkt des geistigen Lebens. (L.d.A., S. 98 f.)

Herz und Gemüt sind identisch und zur tiefsten und innersten Empfindung fähig, weshalb es den Kern des Ichs darstellt.[85] Geist, Wille und Gemüt entwickeln sich parallel und bedingen sich gegenseitig. Insofern ist von einer Wechselwirkung von Verstand, Gemüt und Willen auszugehen.[86] Die dreifache Gliederung hat seinen Ausgangspunkt in einem Ich.[87]

An dieser Stelle führt Heinroth die zentralen Termini der organischen Wechselglieder ein. Zugleich deutet das organische Wechselverhältnis auf eine innere Einheit in der Entwicklung des Seelenlebens hin. Ebenso ist das Ich des Menschen unteilbar und unveräußerlich:[88] „Die Einheit und Ganzheit des menschlichen Organismus lässt sich auch so vor Augen stellen, dass man ihn als aus Theilen zusammengesetzt betrachtet, deren Unzertrennlichkeit man zeigt."[89]

Diese Einheit hat ihren Sitz im Gemüt, wo sie mit dem Etikett des Glaubens belegt wird. Dem Glauben ist es möglich, als Bedingung des Gemüts die Vollendung seiner Seligkeit zu bewerkstelligen. Von Bedeutung ist das vom Autor an dieser Stelle eingeführte Axiom, dass der

---

[85] Johann Christian Heinroth, Über die doppelte Bedeutung des Begriffs Geist, S. 415
[86] Vgl. Johann Christian Heinroth, Über die doppelte Bedeutung des Begriffs Geist, S. 401
[87] Johann Christian Heinroth, Über die doppelte Bedeutung des Begriffs Geist, S. S. 401
[88] Johann Christian Heinroth, Über die doppelte Bedeutung des Begriffs Geist, S. 411
[89] Johann Christian Heinroth, Grundzüge der Naturlehre des menschlichen Organismus, S. 162

Glaube als Erhaltung der inneren Einheit des Gemüts selig macht und alleine für die Erreichung der Seligkeit verbürge.

Es ist der Glaube, welcher als psychologische[90] Grundeinheit das Seelenleben trägt. (L.d.A., S. 99 ff.) Verglichen wird der Glaube mit der magnetischen Kraft der physischen Welt. Diese vermag es alles zu binden und zu tragen. Die harmonische Entwicklung der psychischen Kräfte ist Mittel zum Zweck „zum göttlichen, ewigen Leben, dessen Wurzel und Entwicklungskeim der Glauben ist." (L.d.A., S. 101)

Damit sagt Heinroth ausdrücklich, dass Gott als Prinzip seiner Andeutungen eines transzendenten und höchsten Prinzips verstanden werden muss. Diese final-teleologische Entwicklungsstufe des menschlichen Seelenlebens kann nicht jeder Mensch erreichen. Tritt der Mensch aus dem Glauben heraus, so hat er den Mittelpunkt seines psychischen Lebens verloren. Der Mensch ist notwendiger Weise Raum und Zeit unterworfen, da er in ihnen und durch sie existiert. Im Raum ist alles dem Gesetz der Polarität unterworfen. Involution und Evolution sind Manifestationen der Kategorie Zeit.

Der Geist, das Gemüt und der Wille sind Bestandteile der Seele, welche das Ich ausmacht:

> „Kurz, unser Ich, wiefern es eine Seele ist, bestehend aus Gemüth, Geist und Willen, ist nichts weniger als ein reines, makelloses Wesen; und was von diesem Ich, von dieser Seele, im Ganzen gilt, muß nothwendig auch von den einzelnen Theilen oder Gliedern gelten."[91]

Damit wird der Geist als von der Seele dirigiert ausgewiesen. Der Geist ist keine final-teleologische Endstufe der menschlichen Entwicklung

---

[90] Als einziger und richtiger Weg der Psychologie wird die Methode der Selbstbeobachtung gerühmt. Johann Christian Heinroth, Über die doppelte Bedeutung des Begriffs Geist, S. 404. Selbstbeobachtung ist ebenso ein wesentliches Prinzip der Anthropologie. Johann Christian Heinroth, Ueber die Würde der Anthropologie, S. 455. Selbsterkenntnis hingegen beschreitet einen anderen Weg als die Wissenschaft, da sie vom Herzen ausgeht. Johann Christian Heinroth, Ueber die Würde der Anthropologie, S. 454

[91] Johann Christian Heinroth, Über die doppelte Bedeutung des Begriffs Geist, S. 407

mehr, wie er dies in den Denkfiguren des deutschen Idealismus ist. Kulminationspunkt im Menschen ist die Seele.

Beobachtung bildet die Basis der anthropologischen Forschung im Verständnis von Heinroth. Via Beobachtung können die Data zur Erkenntnis und Analyse des Individuums gewonnen werden.[92] Verschiedenste Erscheinungsweisen dieses menschlichen Daseins sprechen sich in Merkmalen wie Geschlecht, Alter, Temperament und Anlage aus.[93]

In der Naturerscheinung des Menschen kündigt sich das Höchste, die Freiheit, an. Freiheit realisiert sich, auch hier erkennt man den Kant-Bezug, in der Tat des Menschen. Freiheit heißt vollständige Unbeschränktheit und Freiheit ist das Wesen der Menschenkraft.[94] Die Analogie der Freiheit im Menschen findet sich im Seelenleben, genauer: im Gemüt, dem Geist und dem Willen.

Betrachtet man die Geschlechter, dann impliziert der Naturbegriff derselben die entgegengesetzte Zweiheit bzw. Dualität. Beide Geschlechter ergeben ein Ganzes. Eines strebt nach der Ergänzung durch das andere. Dieses Merkmal ist in der Natur anzutreffen und wird durch den Begriff der Polarität gekennzeichnet:

> *„Nehmlich in der Polarität tragen die beiden Entgegengesetzten (Pole) auch einen entgegengesetzten Charakter, sind aber durch Wechselbestimmung verbunden, d.h. sie erregen und erhalten einander gegenseitig, und können nicht ohne einander bestehen. Der eine Pol trägt den Charakter des Herrscheden, Bestimmenden (Männlichen) der andere den des Dienenden, Bestimmbaren, (Weiblichen). Beide Charaktere sind in der Physik mit dem Namen des Positiven und Negativen bezeichnet." (L.d.A., S. 104 f.)*

---

[92] Verdeutlicht wird die Methode der Beobachtung dann anhand des Beispiels der Entwicklung des Embryos. Vgl. hierzu: Johann Christian Heinroth, Ueber den Vortheil des gegenständlichen Denkens in der Anthropologie, S. 393-401

[93] Johann Christian Heinroth, Ueber den Vortheil des gegenständlichen Denkens in der Anthropologie, S. 389

[94] Johann Christian Heinroth, Grundzüge der Naturlehre des menschlichen Organismus, S. 112

Anklänge an Schellings Identitätsphilosophie sind spürbar. Der männliche und weibliche Pol durchziehen die Natur und ihre Erscheinungen. Der männliche Pol wird als herrschend und bestimmend, der weibliche hingegen als bestimmbar und dienend semantisiert.[95]

Erscheinungen sind beim männlichen Pol die Kontraktion,[96] beim weiblichen Pol Expansion.[97] Sozialregulative Maximen und gesellschaftlich erwünschte Verhaltensweisen der Frau können aus den Prinzipien der Natur axiomatisch deduziert werden. Der Autor schließt Frauen vom tätigen gesellschaftlichen Leben aus. Darüber hinaus werden beim schwachen Geschlecht intellektuelle und künstlerische Fähigkeiten negiert.[98]

Wertende Konnotation wird dem Ganzen durch die Adjektive positiv (männlich) und negativ (weiblich) beigefügt. Die Sonne ist beispielsweise im Reich der Körper der positive Pol, wohingegen die Planeten dem negativen Pol zuzurechnen sind. In der organischen Natur tritt die Geschlechtercharakterisierung in den Wesen deutlicher hervor.

Ebenso wie auf der physischen Ebene spielt die Geschlechterdifferenz auch auf der seelischen Ebene eine Rolle, nämlich im Gemüt, im Geist und im Willen. Folgerichtig gibt es einen vierfachen Geschlechterunterschied: physisch, gemütsbedingt, intellektuell und moralisch. (L.d.A., S. 104 ff.) Der physische Geschlechtsunterschied bezieht sich auf den Bau und die Funktion des Organismus.[99] Beim Bau des menschlichen Organismus ist festzuhalten, dass der männliche Organismus höher, fester, stärker und kräftiger (an Muskeln und Knochen) ist als der weibliche. Funktionen des männlichen Körpers liegen in der Bewegung, harter

---

[95] Diese Position zeigt sich ebenso in Johann Christian Heinroth, Grundzüge der Naturlehre des menschlichen Organismus, S. 33
[96] Kontraktion bedeutet Leben.
[97] Expansion führt hingegen zu Tod.
[98] Lesley Sharpe, Über den Zusammenhang der tierischen Natur der Frau mit ihrer geistigen. Zur Anthropologie der Frau um 1800, S. 220
[99] Die Funktion des Organs ist zugleich ihre Wirkung und umgekehrt. Johann Christian Heinroth, Grundzüge der Naturlehre des menschlichen Organismus, S. 57

Arbeit, Strapaze und dem Schutz des schwachen Geschlechts. Die Geschlechtsfunktion des Mannes ist erregend und Geist gebend.

Gemäß dem Gesetz der Polarität verhält es sich mit dem Bau und der Funktionsweise des weiblichen Körpers umgekehrt. (L.d.A., S. 107 f.) Liebe ist Gemüts- und Herzenscharakter. Dabei gibt es begehrende und gebende Liebe. Zum Mann: Begehrende Liebe kann sich auf das Geschlecht (der Mann begehrt die Frau), sachliche Gegenstände (Hof, Gut und Geld) und die eigene Person (Anerkennung, Achtung und Ehre) richten. Die gebende Liebe des Mannes sind Ableitungen aus der begehrenden Liebe desselben, indem der Mann dies an seine Frau weiterleitet.

Die Charakterisierung der Arten von Liebe bei der Frau fällt gemäß dem Gesetz der Polarität entgegengesetzt aus. Sie wünscht sich den Mann (kaschiert dieses Verlangen aber), häusliche Gegenstände und möchte dem Manne gefallen. Als gebende Liebe gilt bei der Frau die völlige Hingabe an den Mann. (L.d.A., S. 108 ff.) So überrascht es nicht, dass es anthropologisches Allgemeinwissen der Zeit zu sein scheint, dass die Frau aufgrund ihrer physischen und psychischen Anlagen sowie der Häuslichkeit für die Kinderaufzucht verantwortlich ist. Auch hinsichtlich des Geistes[100] sind Geschlechterunterschiede zu verzeichnen. Zwar besitzt die Frau wie der Mann alle Anlagen des Geistes, sie ist aber nicht dazu in der Lage sich in dieselben Höhen wie der Mann emporzuschwingen. (L.d.A., S. 110 ff.)

Es sind Geschlechtsunterschiede im moralischen Handeln zu verzeichnen, obgleich der Mensch in Beziehung auf das Wesen der Tugend an kein Geschlecht gebunden ist. Tugend zeichnet sich durch das Vollbringen des Guten und Vermeiden des Bösen aus. Gut ist alles, was den Menschen im Freien erhält, was ihn versklavt ist böse. Freiheit ist das Wesen der Tugend bzw. Moralität. Entsprechend der vorigen Ge-

---

[100] Der Geist ist über das Erkenntnisvermögen hinaus bildendes und schöpferisches Vermögen. Johann Christian Heinroth, Über die doppelte Bedeutung des Begriffs Geist, S. 405

schlechtersemantisierung ist die Tugend des Mannes positiv und tätig, diejenige der Frau negativ und duldend. (L.d.A., S. 112 f.)

Leben bedeutet Selbstverlangen, Trieb nach Sättigung und ist durch Erregbarkeit bedingt. Zugleich meint Leben eine sukzessive Entwicklung im Sinne einer Evolution.[101] Ziel aller Evolutionen ist eine finale Involution, welche ein Sammeln, Steigern und Erhöhen des angesammelten Kapitals ist. Das Leben dient der Verzinsung des Ausgangskapitals, um schließlich in sich selbst zurückzukehren. Es erstaunt, dass Heinroth im Zusammenhang mit der Lebensführung ökonomische Begriffe verwendet, die in einem anthropologischen Kontext nicht erwartet werden.

Auch die Frage der Lebensalter ist vor dem Hintergrund der alles durchziehenden Polarität zu betrachten. Die Jugend ist durch Involution, das Alter hingegen durch Evolution gekennzeichnet. Ebenso spielen Expansion und Kontraktion eine entscheidende Rolle. Der Verlauf des Menschenlebens wird mit dem Verlauf der Natur, wie beispielsweise den Jahres- und auch Tageszeiten in Beziehung gesetzt:

> *„Das Menschenleben entspricht in seiner besonderen Evolution und Involution ganz jenem allgemeinen Naturtypus, so daß dem Frühling, dem Morgen, der Pflanzenknospe: die Kindheit; dem Sommer, dem Mittag und der Pflanzenblüthe: die reifere Jugend; dem Herbst, dem Abend, und der Pflanzenfrucht: das reife Alter; und dem Winter, der Nacht, und dem Fruchtsaamen: das Greisenalter zu vergleichen ist, so daß für das letztere schon nach der Naturanalogie der traurige Gedanke der Vernichtung verschwindet, und das Greisenalter einen Winter andeutet, der einen neuen Frühling, eine Nacht, die einen neuen Tag, und das Erzeugniß von Saamenkörnern für eine künftige Ernte verspricht."* (L.d.A., S. 116 f.)

---

[101] Auch für die Wissenschaften wird ein Entwicklungsgedanke angenommen. Wissenschaft besteht aus Evidenz und es kann keine vollständige Lehre geben, wenn die Wissenschaft noch nicht vollendet ist. Johann Christian Heinroth, Grundzüge der Naturlehre des menschlichen Organismus, S. VI

Lebensstadien werden mit drei Bereichen der Natur parallel gesetzt. Der betriebene argumentative Aufwand verrät die Wichtigkeit des Arguments. Zugleich soll die Plausibilität des dargelegten Arguments erhöht werden. Die Verwendung von Lebensalter-Analogien und Lebensalter-Semantiken ist in der Anthropologie der Romantik ein weit verbreitetes Topos.[102]

Durch die so charakterisierte Argumentationsstrategie gelingt es dem Autor seiner Leserschaft das Argument des ewigen Lebens nahe zu bringen. Der Naturzyklus wiederholt sich nach dem Winter, welcher als Vorbote des Todes zu begreifen ist. Auf jede Nacht erfolgt ein neuer Tag. Im Greisenalter werden die Samenkörner für die neue Ernte produziert. Diese Ausführungen muten christlich (ggf. pantheistisch) an. Das Leben ist ein Kreislauf.

An die Theorie der Lebensalter schließt eine Theorie über Tod und Schlaf an. Der Charakter des Schlafes besteht in der Ruhe.[103] Schlaf und Tod sind einander verwandte Zustände. Dabei ist der Schlaf das „Aufgehobenseyn des wachenden Zustandes, der sich bei dem Menschen in der an das Bewußtseyn geknüpften Empfindung und Bewegung ausspricht." (L.d.A., S. 125) Der wache Zustand wird mit den Bildern des elektrischen Lichts und der elektrischen Bewegung verglichen. Im schlafenden Zustand wird die Erscheinung als ein Äußeres aufgehoben.

Heinroth baut diesen Vergleich mit der Elektrizität (und dem Magnetismus) aus. So heißt es weiter: „Wie im Magnetismus die Electricität verborgen liegt, so im Schlafe das Wachen. Die magnetische Urkraft erzeugt sich in sich selbst und aus sich selbst." (L.d.A., S. 125) Die erschöpfte Kraft des wachenden Lebens sammelt sich im Schlafe von neuem. Als lebensmagnetischer Zustand kann der Schlaf die Kraft in

---

[102] Vgl. zu unterschiedlichen Verwendungsweisen der Lebensaltertheorien des anthropologischen Diskurses zur Zeit der Romantik: Pia-Johanna Schweizer/Stefan Schweizer, Lebensaltertheorien der Anthropologie zur Zeit der Romantik, S. 309-323
[103] Johann Christian Heinroth, Grundzüge der Naturlehre des menschlichen Organismus, S. 99

sich selbst neu zu erzeugen. Deswegen kann der Schlaf durch kein Nahrungs- oder Reizmittel ersetzt werden.

Ein traumloser Schlaf ist erquickend, da der Traum im Schlaf ein Indiz dafür ist, dass der Wachzustand noch nicht völlig aufgehoben ist. Traum und Traumzustände sind außerdem gefährlich, da sie die Vorstellungskraft des Menschen auf ein zweites Ich hinlenken.[104]

Im Tod sind nun das wachende und das damit verbundene vegetative Leben aufgehoben. Mit dem vegetativen Leben verschwindet der Lebensmagnetismus. Deshalb sind Bewusstsein, Empfindung und Bewegung nicht mehr vorhanden. Die Seele kehrt in den ewigen Schoß zurück. Empfindung ist etwas Inneres, „durch die Sinneswerkzeuge Vermitteltes, durch ein Aeußeres Agens oder Veranlaßtes."[105] Zeit- und Raumleben sind verschwunden. Sie sind für alle Lebensphänomene maßgeblich.

Im Unterschied zum Schlaf verschwindet mit dem Tod das Phänomen des Menschenlebens für immer (und nicht nur temporär). Schlaf besitzt bei Heinroth, im Gegensatz zu anderen romantisch-anthropologischen Vorläufern von Freud, keinen hohen Stellenwert. Die Frage des Todes gehört zur Disziplin der Anthropologie.

Eine Fortexistenz nach dem Tode kann ausschließlich außerhalb der Kategorien Raum und Zeit gedacht werden. Demnach gibt es Höheres als Raum und Zeit. Ewiges Leben ist frei von Raum Zeit, wobei das Paradox des Adjektivs ewig als Zeitkategorie offensichtlich ist:

> *„Unsere Vernunft führt uns in eine Welt der Freiheit, in eine moralische, heilige Ordnung und Gesetzlichkeit, in ein Element des Lebens ein, welches mit den Gesetzen des Raumes und der Zeit nichts gemein hat, sondern über sie erhaben ist. Durch die Vernunft werden wir der Erscheinungswelt entrückt und lernen sie und das Leben in ihr als etwas Untergeordnetes und ein höheres Seyn nur Andeutendes betrachten [...] Wir nennen diese höchste Einheit, dieses*

---

[104] Johann Christian Heinroth, Über die doppelte Bedeutung des Begriffs Geist, S. 411
[105] Johann Christian Heinroth, Über die doppelte Bedeutung des Begriffs Geist, S. 420

höchste Seyn, auf welches die Vernunft hinweiset: Gott. Die Vernunft muß Gott denken, sie ist nur dadurch Vernunft, daß sie Gott denkt." (L.d.A., S. 127 f)

In der Sphäre des Göttlichen gibt es keine Raum- und Zeitkategorien. Höchstes Sein und höchste Einheit sind das Ziel des ewigen Lebens. Es ist die menschliche Vernunft, welche Gott dem Menschen offenbart. Es ist laut Heinroth das Wesen der Person „die göttliche Idee, die göttliche Stimme der Selbstbestimmung, der Freiheit und des Bestrebens nach dem Ewigen" zu besitzen.[106]

Zwar postuliert Heinroth eine die wissenschaftlichen Ausführungen überschattende Axiomatik eines christlichen Schöpfergottes. Die Hinweise auf die Religion und Gott finden sich in den anthropologischen Diskurs eingebettet. Damit wird die Authentizität und Plausibilität der religiösen Passagen erhöht. Heinroths Argumentationsstrategie besitzt die Postulierung eines ewigen Lebens und Herrschergottes als Ziel.

Menschen, welche der Vernunft abtrünnig werden, können nichts von Gott erfahren. Vernunft ist Gottes Gesetz und Atem. Gläubigen ist der irdische Tod ein Lösen von den Fesseln des Raumes und der Zeit. Das Fleisch, also der Leib des Menschen ist sterblich. Die Weltseite ist die Nachtseite, welche den Aufbruch zu einer Lichtseite bedeutet.

Der Verstand dient einer vernünftigen Leitung des Menschen in der Welt. Hingegen ist es die Vernunft, welche den Menschen zu Gott führt. Bei Heinroth besitzt die Vernunft offensichtlich einen hohen Stellenwert. (Vgl. L.d.A., S. 127 ff.)

Der Geist ist ein erkennendes und schaffendes Vermögen. Als erkennendes Vermögen ist er im Gebiet der Wissenschaft tätig, als schaffendes Vermögen im Gebiete der Kunst. (L.d.A., S. 149 f.) Trieb nach Religion im Gemüt äußert sich im Streben und der Sehnsucht nach der unendlichen Liebe: „Das Herz wird aus den selbstergriffenen Fesseln immer wieder heraus zu einer höheren, fesselfreien Liebe gezogen." (L.d.A., S. 151) Es ist ein eingeborener Trieb des Gemüts die ewige Lie-

---

[106] Carl Gustav Carus, Vorlesungen über Psychologie, S. 172

be zu suchen. Der Sinn, diesen Trieb nach ewiger Liebe zu empfangen, ist der Glaube.

Im Glauben zeigt sich die Empfänglichkeit des Gemüts für die höchste Liebe. Dem Glauben ist es möglich, die höchste Einheit und das Wesen der Gottheit als Harmonie, Frieden und Liebe zu erfassen. (L.d.A., S. 151 f.) Wille wird als Kraft der Selbstbestimmung[107] und des Tuns verstanden. Er ist zugleich der Sitz und die Quelle der Freiheit. Handlungen, die aus dem Willen resultieren, sind Akte der Freiheit um der Freiheit willen. Ihnen liegt der Versuch einer Freiheitsmaximierung zugrunde.

Das Gewissen ist Sinn für Freies, Unverletzliches und Heiliges. (L.d.A., S. 153 f.) Zwischen der Welt und Gott tritt der Geist als Vermittler auf, da es ihm zu eigen ist, sich in der Welt und auch im Bereich der Gottheit zu bewegen. Besondere Anlagen des Menschen heißen Gaben. Gaben dienen dem Geist. Geistige Anlagen sind durch den Dualismus von Sinn und Trieb geprägt. Unterschiede der geistigen Energie sind graduell vorhanden und werden durch die Anlage mit bedingt. (L.d.A., S. 155 f.)

Subjektive Bedingungen geistiger Anlagen können als Stufenfolge der geistigen Energie bezeichnet werden. Die niedrigste Stufe ist das Auffassungsvermögen (Empfänglichkeit, Sinn), welche in der Gelehrigkeit mündet. Gelehrigkeit führt zur Geschicklichkeit und bezieht sich auf manuell-handwerkliche Dinge.

Als mittlere Stufe gilt das Darstellungsvermögen bzw. die Kapazität des Verstandes und der Urteilskraft unter Einbeziehung der Einbildungskraft und des Gedächtnisses. Erscheinungsform ist das Talent. Talent kommt wenigen Menschen zu und meint eine besondere Kultivierung des Verstandes, der Vernunft und der Phantasie.[108]

---

[107] Es ist von einer doppelten Selbstbestimmung des freien Ich auszugehen. Dem Willen kommt dabei das Primat vor dem Gedanken zu, da das Wollen die selbstbestimmende Kraft hervorbringen muss. Johann Christian Heinroth, Über die doppelte Bedeutung des Begriffs Geist, S. 412 f.

[108] Allerdings kann eine krankhafte Phantasie bzw. Wahnsinn dazu führen, dass der Mensch sein Ich wie ein Traumbild bzw. zweites Ich anschaut. Johann Christian

Merkmal ist die Kombinationsgabe von etwas bereits Bekanntem mit Neuem. Die höchste Stufe heißt Erfindungsvermögen bzw. Vernunftkapazität unter Zuhilfenahme der Phantasie und sie äußert sich als Genie. Am fruchtbarsten ist eine Verbindung von Genie und Talent. (L.d.A., S. S. 156-160)

Als objektive Verschiedenheit der geistigen Anlagen nach Sinn dient die Klassifizierung in Erhaltungstrieb, Forschungstrieb (Erweiterung) und Bildungstrieb (Veredlung des Lebens). Damit korrespondieren der Lebenssinn, der Wahrheitssinn und der Schönheitssinn.

Folgerichtig gibt es werktätige, wissenschaftliche und künstlerische Naturen. (L.d.A. S. 160 f.) In der Werktätigkeit zeigt sich der Verkehr mit den äußeren Gegenständen und Dingen des Lebens. In gewisser Weise steht die Werktätigkeit für Bodenständigkeit. Anschaulich wird der Charakter des Werktätigen bzw. der Werktätigkeit vor dem Auge des Lesers entfaltet. Zugleich werden viele Aspekte und Facetten des werktätigen Lebens ausgeführt. Es ergibt sich ein bodenständiges Bild einer handwerklichen und einfachen Kulturstufe.

Dieses Bild wird erweitert. Die praktische Ausrichtung korreliert mit der Einrichtung, Erhaltung und Verteidigung der Staaten. Gesetzgebung, Staatsverwaltung sowie Aspekte der Exekutive (Polizei, Militär etc.) und Erziehung fallen auch unter das praktische Leben, wenngleich sie dort an der Spitze stehen. Gewerbeleben erfordert Gelehrigkeit und Geschicklichkeit. (L.d.A., S. 161 f.)

Anlagen zur Wissenschaft liegen im Forschungstrieb begründet. Ziel von Erkenntnisgewinn ist eine Annäherung an die Wahrheit. Wahrheit wird mit der Metapher des Lichts umschrieben. Unterteilen kann man die Wissenschaft in die Naturwissenschaft, die Geschichte und die Metaphysik. (L.d.A., S. 163 f.) Naturwissenschaft umfasst Erkenntnisse

---

Heinroth, Über die doppelte Bedeutung des Begriffs Geist, S. 411. Leupoldt versteht hier die Definition Heinroths als im engeren Sinne, nämlich in das Gebiet des Psychischen überschlagendes krankhaftes Traumleben. Vgl. Michael Leupoldt, Die gesammte Anthropologie, S. 247

von Erscheinungen,[109] Kräften[110] und Gesetzen der Natur.[111] (L.d.A., S. 165 f.)

Im Gegensatz zur Naturwissenschaft erfasst die Geschichtswissenschaft Erscheinungen, Kräfte und Gesetze der Menschenwelt. Die zeitliche Dimension wird durch die synchrone und diachrone Perspektive multipliziert. Als erster Zweig ist der deskriptive Teil der Geschichtswissenschaft zu nennen, welcher die Völkergeschichte als Geschichte des Menschengeschlechts umfasst. Anthropologie im weitesten Sinne ist der zweite Zweig der Geschichtswissenschaft. Er verweist auf die Quellen der Erscheinungen in der Menschenwelt und versucht eine Analyse anzutreffender Fakten und der Bedingungen zur Entwicklung von Sprache, Kultus, Sitten etc. Hierbei ist eine besondere teleologische Urteilskraft zur Beurteilung erforderlich. Schließlich befasst sich der dritte Zweig mit den Verhältnissen der Sozialität der menschlichen Gesellschaft. Rechts- und Staatswissenschaft sind Früchte dieses Zweigs. (L.d.A., S. 166 ff.)

Als Disziplin beschäftigt sich die klassische Metaphysik mit den Ideen aus dem Reich der Vernunft. Gegenstand der Vernunft ist definitionsgemäß Gott bzw. die Idee der Gottheit. Derivate hiervon sind, erneut nach Kant, die Ideen der Freiheit und Unsterblichkeit. Metaphysik und Theologie gehören folglich zueinander. Eine Anlage zur Metaphysik setzt notwendiger Weise Glauben voraus, da nur durch die Vernunft Glauben sich entwickeln kann. Glaube ist somit das Element der Vernunft.

Erneut zeigt sich die tautologische Argumentationsstruktur Heinroths bei Glaubens- und Religionsfragen. Glaube benötigt Vernunft und Ver-

---

[109] Unorganische und organische Natur: Geologie und Geognosie sowie Naturgeschichte und Biologie. Wichtig sind die Auffassungs-, Klassifizierungs- und Beschreibungsgabe.
[110] Physik mit dem Erkenntnisziel der Kräfte der (un-) organischen Natur. Erforderlich ist das Talent des Experimentierens.
[111] Mathematik, welche die Gesetze des Raums und der Zeit erforscht. Ebenso: Astronomie, Geographie und Mechanik. Erforderlich sind Kombinationsgabe und ggf. Erfindungsgeist.

nunft kann nur zum Glauben führen. Philosophie zielt auf Metaphysik und echte Metaphysik ist Theologie. Hiermit wird nicht nur einer Disziplinen-Überschneidung und Vermengung wissenschaftlicher Erkenntnisse das Wort geredet.

Das Argument verweist auf den einen Urgrund bzw. das Ziel der (wichtigen) Wissenschaften. Dieses besteht in Gott bzw. Glaubensfragen. Insofern ist es folgerichtig, eine Reinheit des Herzens zur Bedingung dieser Wissenschaften zu machen. (L.d.A., S. 169 ff.)

Ziel der Kunst ist die Darstellung der Schönheit. Ebenso kann man von einer Ausgestaltung der Einheit des Geistes in den Elementen der Natur sprechen. Die Idee als Wesen und ihrem Gehalte nach ist der Ausgangspunkt jeglicher Kunst. Bildungstrieb und Schönheitssinn sind die Merkmale der Kunst. Beide realisieren sich sowohl in der Dimension der Zeit wie des Raumes. (L.d.A., S.171 f.)

Räumlich orientierte Kunst ist plastische Kunst. Hierunter fallen die Baukunst, die Bildhauerkunst und die Malerei. (L.d.A., S. 173 f.) Die redende Kunst agiert im Medium der Zeitlichkeit mit der Sprache. Dabei gibt es die Tonkunst (Musik), die Begriffskunst (Literatur im weitesten Sinne) sowie die Theater (Handlungen und Gebärden). (L.d.A., S. 175 f.)

Ebenso gibt es Anlagen zur Darstellung der Schönheit im Gebiet des Ewigen. Zwar besitzen alle Menschen die Anlage für die Religion, es ist dennoch nicht allen vergönnt, für die Religion zu wirken. Für diese Anlagen gibt es Förderungsmittel und Hinderungsgründe. Diese sind im Menschen zu suchen, teilweise können sie auch externer Natur sein.

Die Natur bestimmt die menschlichen Anlagen durch Faktoren wie Klima, Bodenbeschaffenheit etc. Der Mensch soll mit der Natur in Harmonie leben. Gravierend sind Einflüsse von Menschen und Sozialisationsinstanzen. Hier sind Eltern, Erzieher und Pfleger zu nennen. (L.d.A., S. 180 ff.) Die Physiognomik erlaubt es, Anlagen des Menschen zu erkennen. Dabei wird von einer simplen Innen-Außen-Spiegelung ausgegangen. (L.d.A., S. 183) Anlagen verwirklichen sich im Laufe der Zeit.

Es ist unsinnig in der frühen Jugend auf die Entwicklung besonderer Anlagen hinzuwirken, da dies Beschränkung und Vereinseitigung des Menschen bedingt. Auch talentvolle Menschen und Genies müssen lernen. Insgesamt ist eine Bildung des Menschen zum Menschen notwendig, wobei nichts unterdrückt und erzwungen werden darf.

Der zweite Teil der Anthropologie beschäftigt sich mit den Beziehungen des menschlichen Daseins. Der Begriff des Menschen erschöpft sich nicht im Individuum. Vielmehr kann man den Menschen auch als Gattung, Ganzes und allgemeine Einheit betrachten. Ebenso wie das Individuum ist auch die Gattung als durch die Vernunft gekennzeichnet zu begreifen. Die Vernunft ermöglicht es der Menschheit von der Unfreiheit in das Reich der Freiheit überzugehen:

> *„Das Herausreißen des Menschengeschlechts aus seiner Unmündigkeit, das Einführen desselben in die Idee eines Reichs der Freiheit, für welches es bestimmt ist, den Unterricht, wie der Mensch durch Entwickelung seiner tiefsten, verborgensten und doch erkennbaren, moralischen Kraft sich den Eintritt in dieses Reich verschaffe."*[112]

Somit ist es Aufgabe der dem Menschen innewohnenden moralischen Kraft, diesen in das Reich des Lichts zu führen. Wie erinnerlich ist das Verhältnis von Vernunft und Glaube interaktiv-rekursiv.

Wie dem Organismus des Menschen eine Idee zugrunde liegt, so auch der Menschheit. Dabei fallen die Idee der Menschheit und die Vollendung des Menschengeschlechts durch die Vernunft zusammen. (L.d.A., S. 190) Ein überzeitliches, also ewiges Sein und Leben ist die Bestimmung des Menschengeschlechts.

Erneut ist die Vernunft der diesbezügliche Motor, welcher nach dem ewigen Ziele hindrängt. Erreicht werden kann dieses Ziel jedoch nur außerhalb der Kategorien von Raum und Zeit. (L.d.A., S. 191) Es ist dem Menschen nicht vergönnt, sich selber von den irdischen Fesseln zu

---

[112] Johann Christian Heinroth, Ueber die Würde der Anthropologie, S. 456

lösen. Eine Erstürmung des Himmels durch reine Menschenkraft ist nicht möglich.[113]

Zeit ist das Element der Menschheitsgeschichte. Im Gegensatz zur räumlichen Gestaltung besitzt der Mensch bei der zeitlichen Dimension verschiedene Gestaltungsmöglichkeiten. Dies ist ein Merkmal der menschlichen Freiheit. Funktion der Freiheit ist die Selbstbestimmung.[114] Insofern kann der Mensch in seiner historischen Dimension als frei und selbstbestimmt betrachtet werden. Geschichte wird somit zu einer Abfolge von Versuchen des Menschengeschlechts, die Idee der Menschheit zu realisieren. Allerdings ist das Menschengeschlecht laut Heinroth nicht aus seinen Lehrjahren heraus, da Fehlverhaltensweisen auftauchen. (L.d.A., S. 192)

Pflanzen-, Tier- und Menschenwelt bilden eine Übergangswelt.[115] Mit Herder geht der Autor davon aus, dass die Entwicklung des Menschengeschlechts zur Freiheit und zur Realisierung der Idee der Menschheit an verschiedenen Fäden hängt.

Beziehungen gibt es zur Natur (außer-uns), dem Menschen selber (in-uns) und Gott (über-uns). Der Mensch kann als Produkt der Natur verstanden werden. Zugleich beschäftigt sich der Mensch fortlaufend mit sich. Als letztes ist das Menschengeschlecht an den Weltschöpfer gebunden. (L.d.A., S. 193 f.) Hinsichtlich der Beziehung des Menschengeschlechts auf die Natur bleibt festzuhalten, dass diese die Erzieherin des Menschen ist, da sie ihn umgibt und der Mensch sich nicht von ihr befreien kann.

Ziel ist es, dass der Mensch in Harmonie mit der Natur zusammenlebt. Allerdings setzt dieser Schritt ein Erkennen und deshalb richtiges Ver-

---

[113] Johann Christian Heinroth, Ueber die Würde der Anthropologie, S. 457
[114] Johann Christian Heinroth, Grundzüge der Naturlehre des menschlichen Organismus, S. 114
[115] Die Pflanzenwelt wird weiblich, die Tierwelt hingegen männlich semantisiert. Johann Christian Heinroth, Grundzüge der Naturlehre des menschlichen Organismus, S. 63

hältnis zur Natur voraus. Dazu ist ein Standpunkt der Vernunft und des Geistes erforderlich. (L.d.A., S. 194)

Die Idee des Heiligen und des Geistes durchdringt alles, auch die Regionen des räumlichen und zeitlichen Lebens.[116] Die Beziehungen des Menschen zu seinesgleichen sind intensiver als die auf die Natur gerichteten. Es ist eine anthropologische Grundkonstante, dass der Mensch zur Sozialisierung neigt. Das Wesen des Menschen ist sozial bestimmt. Allerdings gibt es nicht naturgemäße Tendenzen im Menschen zur Selbstbezogenheit. Deswegen ist es die Aufgabe der Vernunft, mit anderen Menschen zahlreiche Verbindungen einzugehen.

Die Vernunft setzt in die Lage, das Problem der Freiheit im Reiche der Menschheit zu lösen. (L.d.A., S. 195) Seit Beginn des Menschengeschlechts hat dieses ein Höchstes über sich anerkannt. Damit wird der Glaube und das Eingeständnis einer Transzendenz als dem Menschen innewohnende anthropologische Grundkonstante charakterisiert.

In Transzendenzfragen hat die Menschheit viele Irrtümer hinnehmen müssen. Der richtige Weg liegt in der Vernunft und damit dem göttlichen Geist. Als normativer Zielzustand wird ein freies Verhältnis von Gott und den Menschen postuliert, was nur durch die Liebe verwirklicht werden kann. Die Art der Liebe wird als eine solche, wie des Kindes zum Vater, beschrieben. Als Vorbild dient die Christuslehre, woran als höchstes Gebiet der Anthropologie das religiöse Verhältnis der Völker zum Geschichtsleben gemessen werden kann. (L.d.A., S. 195 f.)

Betrachtet man die Beziehung des Menschen zur Natur, so muss man die Frage nach einem allgemeinen Begriff der Natur stellen. Natur ist Werden und Wirken des Räumlichen. Hinzu kommt die Natur als das All der gesetzlich geleiteten Erscheinungen.

Eine Synthese dieser Ansichten ergibt einen Begriff der Natur als „das gesetzliche Werden und Wirken der Erscheinungswelt im Raume." (L.d.A., S. 197) Der dahinter stehende Zweck kann mit dem Schlagwort der Einheit beschrieben werden. In der Natur finden sich verschiedene

---

[116] Johann Christian Heinroth, Ueber die Würde der Anthropologie, S. 458

Stufen, welche sich der Einheit annähern. Diese Entwicklung bzw. Organismus-Gestaltung basiert auf den Prinzipien des Magnetismus, Elektrizismus und Chemismus.[117]

Auf der untersten Stufe findet sich ein Auseinander der Dinge, die durch das Massenverhältnis der Weltkörper ihren Ausdruck findet. Hier herrscht der Magnetismus.[118] Alle vegetabilischen Funktionen des menschlichen Organismus sind, so der frühe Heinroth, dem Gesetz des Magnetismus unterworfen.

In der zweiten Stufe bezieht sich das Auseinander der Dinge aufeinander und wirkt gegeneinander. Folglich ist das Prinzip der Polarität mit seiner Ausprägung der Elektrizität anzutreffen.

Drittens wird über das polarische Gegeneinander ein Ineinander und eine Durchdringung der Stoffe herbeigeführt, wie dies im Chemismus anzutreffen ist.

Als viertes mündet die Durchdringung in einem erneuten Auseinandertreten als Reich der Gestaltung, wobei der Charakter der Durchdringung und Einigung beibehalten bleibt (Pflanzenreich).

Im fünften Schritt sind die Zeugung (auseinander entstehen) und die Geschlechter mit Merkmalen wie dem Trieb und der Geselligkeit anzutreffen (Tierreich).

In der letzten, sechsten Stufe entwickeln sich aus der Sphäre des Triebes zueinander ein höchstes Verhältnis, nämlich die Einheit und die Freiheit des Geistes. Damit ist der Punkt erreicht, wo die Entwicklung des Menschen und der Menschheit ihren höchsten Punkt erreicht hat: „Zurückführung des All's zur Einheit. Die also zur Einheit zurückgeführte Allheit erscheint, oder wird erscheinen, wenn sie vollendet ist, als das Reich des Lichts." (L.d.A., S. 198) Heinroth geht also von einem All- und

---

[117] Johann Christian Heinroth, Grundzüge der Naturlehre des menschlichen Organismus, S. 52
[118] Johann Christian Heinroth, Grundzüge der Naturlehre des menschlichen Organismus, S. 32

Einheitsgrund aus, der durch Vielfältigkeit geprägt ist und zu dessen erneuter Realisierung wieder eine Einheit hergestellt werden muss.

Insofern verwundert es nicht, wenn Heinroth von einem Weltorganismus ausgeht.[119] Zugleich wird ersichtlich, dass die Einheit und Freiheit des Geistes der letzte zu realisierende Schritt der Menschheitsentwicklung ist. Heinroth geht von einem differenzierteren und mehrstufigen menschheitsgeschichtlichen Prozess aus, der zwar teleologische Komponenten impliziert, diese aber nicht überdeutlich zum Ausdruck bringt.

Wurde die Blickfolge von unten nach oben ausgerichtet, so kehrt sich dieses Verhältnis im Folgenden um. Als erster Schritt wird das Verhältnis des Geistes (respektive Gottes) zur Natur untersucht. Das Verhältnis von Natur und Geist zeichnet sich logischer Weise und folgerichtig durch kausal-hierarchische Momente aus:

> *„Natur und Geist stehen einander entgegen, wie Werk und Meister, Schöpfung und Schöpfer, Erhaltenes und Erhalter. Die Natur ist durchaus nichts durch sich selbst, nichts selbständiges; sie würde ohne den Geist nicht seyn und bestehen; blos in Beziehung auf ihn gedacht, ist sie. Sie ist das Bedürftige, der Geist das Besitzende und Gebende; ihr Leben ist das aufsteigende, das der Stütze bedürftige und sich anhaltende, das niedere und abhängige: dagegen das Leben des Geistes das herabsteigende, das selbständige und stützende, das höhere und freiere."* (L.d.A., S. 199)

Dem Geist wird die Fähigkeit zur Selbstständigkeit und zur in Gang Haltung der Natur zugesprochen. Natur und Geist werden beinahe antithetisch, d.h. polarisch charakterisiert. Ohne den Geist besitzt die Natur keine Wertigkeit an sich.

Es ist der Geist, welcher die Natur erschafft, schöpft und ihr Meister ist. Deutlich ist, dass der Geist hier eine Art Synonym für Gott ist. Der Schöpfergeist ist mit einer Weltseele zu vergleichen, welche den Din-

---

[119] Johann Christian Heinroth, Grundzüge der Naturlehre des menschlichen Organismus, S. 175

gen innewohnt und die Dinge beseelt. Selbstständiges Sein ist dem Geiste zuzurechnen.

Gottes Geist wohnt als Gast im Menschen; er äußert sich in der Vernunft. Insofern ergibt sich eine doppelte Bedeutung des Wortes Geist. Die engere Bedeutung meint den menschlichen Geist. Zugleich wohnt der Geist Gottes im Menschen. Diese Variante stellt die weitere bzw. absolute Bedeutung dar.[120] Somit wird ersichtlich, dass alles Erschaffene nicht der Schöpfer ist, sondern der Schöpfer allem Erschaffenen eine Kraft verleiht, welche es zur Erhaltung befähigt. (L.d.A., S. 200)

In einem weiteren Schritt erfolgt das Verhältnis der Natur zum Menschen. Die Natur ist das unermessliche All und der Mensch ist Teil von ihr, weshalb er ein ihr identisches Wesen besitzt. Folglich ist der Mensch nichts ohne den Geist. Mensch und Natur verhalten sich integrierend. Natur ist das organische Element, in welchem der Mensch sich zu entwickeln in der Lage ist. Gott hat die Natur als Instrument eingesetzt und sie zu ihrem eigenen Zwecke entworfen.

Mehrere Bilder verdeutlichen das Verhältnis der Natur zum Menschen. So ist die Natur Mutter, Amme, Pflegerin, Erzieherin und Lehrerin des Menschen. Der Keim, aus dem der Mensch gemacht ist, gehört der Natur an. Für den Menschen ist die Natur Organ der erschaffenden und erhaltenden Gottheit, die der Mensch durch die Natur verehrt.

Allerdings sollte die Verehrung sich nicht negativ gegen den wahren Schöpfer wenden. Durch die Natur vermag es Gott, zu den Menschen zu sprechen. Gott darf nicht mit der Natur selber verwechselt werden. Aufgabe des Menschen ist es, sich nicht von der Natur zu trennen, sich gleichwohl aber frei von ihr zu machen, was soviel bedeutet, als dass er in freier Kooperation mit der Natur stehen soll. (L.d.A., S. 202) Das Verhältnis des Menschen zur Natur zeichnet sich folgerichtig durch eine physische, intellektuelle und moralische Dimension aus.

---

[120] Vgl. zu den beiden Bedeutungen des Begriffs Geist: Johann Christian Heinroth, Über die doppelte Bedeutung des Begriffs Geist, S. 409

Analytisch ist geschichtlich ein Urzustand des Menschengeschlechts anzunehmen, der vor aller geschichtlichen Erinnerung liegt. Daraus folgt die Notwendigkeit einer Untersuchung über den Ursprung des Menschen. (L.d.A., S. 203 f.)

Zunächst stellt sich die Frage, wann das Menschengeschlecht entstanden ist. Dazu ist eine Untersuchung der Natur, der Tradition der Völker und die Einbeziehung des eigenen Verstandes nötig. Die Natur gibt auf die Fragestellung keinerlei verwertbaren Lösungshinweise. Bei den Völkern empfiehlt sich eine Analyse der symbolischen, mythologischen und poetischen Sagen, die mitnichten anthropologisch, sondern kosmologisch sind. Nicht der Mensch steht im Zentrum des Interesses, sondern die Sagen spielen in Zeitaltern, in denen Götter und andere Kräfte die Welt regiert haben. Die Entstehungsfolge verläuft von Göttern über Halbgöttern schließlich zum Menschen.

Erst die mosaische Urkunde birgt hinsichtlich der Fragestellung gebrauchbaren Wahrheitsgehalt. So stimmt der Verstand dieser Version zu. Folglich ist der Mensch vor 6000 Jahren noch ein Kind gewesen. Der Frage nach der zeitlichen Bestimmung des Menschengeschlechts schließt sich diejenige nach der räumlichen Eruierung des Ursprungs der Menschheit an. Am ehesten sprechen nach Heinroth die Indizien dafür, dass das mittlere Asien die optimalen Voraussetzungen für die Entstehung der ersten Menschen, also der Menschheit, mitgebracht hat. Hier entwickelten sich die ersten wichtigen Hochkulturen mit Merkmalen wie Wissenschaft, Kunst, Staatseinrichtung und Religion.

Außerdem stellt sich die Frage, wodurch das Menschengeschlecht entstanden ist. Der Versuch einer auf den organischen Elementen basierenden Analyse des Menschen verhilft zu keinem befriedigenden Ergebnis. Es bedarf der Einbeziehung des schaffenden Geistes, welcher ein Ausdruck der Natur selber ist.

Der Mensch ist aus Schöpferhand entstanden. Damit wird bei Heinroth eine alles erklärende transzendente Residualkategorie eingebaut. Schließlich stellt sich die Frage, wie das Menschengeschlecht entstanden ist. Ausdrücklich streitet Heinroth die Möglichkeit einer von einigen Naturforschern seiner Zeit behaupteten Evolution ab.

Es ist nicht möglich, dass sich der Mensch aus einem Affen entwickelt hat. Der erste Mensch kam aus der Hand des Schöpfergottes und zwar hinsichtlich seiner Unschuld und Seligkeit als Kind, der Gestalt nach als Erwachsener. (L.d.A., S. 208 f.)

Göttliches Prinzip ist die Liebe, welches durch die Selbstigkeit des Menschen konterkariert wird.[121] Heinroth übt Kritik am Naturrecht, in welchem die Realisierung der selbstreferentiellen Komponenten seine Vollendung findet. Das Naturrecht „ist das Prinzip der Welt, im Gegensatz gegen Gott, denn das göttliche Prinzip ist die Liebe." (L.d.A., S. 210)

Es ist die Religion, welche gegen das Naturrecht eingesetzt werden kann. Der Zustand des Menschen ist ambivalent. Er erinnert sich nicht mehr seines Zustands im Himmel. Er ist bedürftig und hilflos auf der Erde. Erst durch Erfahrung und Assimilierung kann der Mensch die Natur in seinem Sinne instrumentalisieren.

Der Grad der Intelligenz des Menschen hängt linear mit dem Verständnis der Natur zusammen. (L.d.A., S. 211 f.) Nach einer Kritik an der allen Geist verschlingenden philosophischen Schule des Materialismus, wendet sich Heinroth den modernsten Tendenzen der Naturbetrachtung zu. Dabei bezieht er sich auf Schelling, Oken, Schubert, J. Wagner, Troxler, Fichte und Kant. Rhetorisch gibt Heinroth seine Distanz zu dieser philosophisch-wissenschaftlichen Richtung zu verstehen, indem er sie unisono als „die Stimme" bzw. „diese Stimmen" bezeichnet.

So bezweifelt er, wie jene Stimmen behaupten, dass die Kraft Träger aller Dinge ist und die Erscheinungen der Sinne nur deshalb räumliche Ausprägungen besitzen, weil die menschliche Vorstellungskraft die den Raum einnehmende Kraft nur in Formen des Starren und Flüssigen zu erkennen vermag. Erkenntnisse resultieren aus den Sinnen, dem Ver-

---

[121] So heißt es deutlich und eindeutig: „Kurz, der Mensch hat nicht den geringsten Grund stolz und selbstgenügsam zu sey; und ist er beides, so ist er ein Thor." Johann Christian Heinroth, Ueber die Einmischung religiöser Prinzipien in die Anthropologie, S. 453

stand oder der Vernunft.[122] An dieser Stelle ist erneut auf die wissenschaftstheoretische Mittelstellung Heinroths hinzuweisen, welche ihn zwischen reinem Empirismus und Idealismus platziert.

Den erkenntnistheoretischen Standpunkt der naturphilosophischen Schule drückt Heinroth wie folgt aus: „Die Dinge sind nichts anderes als die nothwendigen Erzeugnisse äußerer individueller Kräfte, die unser Empfindungsvermögen auf bestimmte Weise afficiren." (L.d.A., S. 223) Die Welt kann somit in Kräfte aufgelöst werden, welche unter bestimmten Gesetzen stehen. Diese Gesetze korrelieren mit der Vorstellungskraft. Damit reduziert sich das Wesen des Menschen darauf, Kraft und Gesetz zu sein. Naturerscheinungen sind Offenbarungen der Naturkräfte und Gesetze. Zwar steht Heinroth dem Stand der Naturphilosophie skeptisch gegenüber. Gleichwohl besitzt er Vertrauen darin, dass die Naturphilosophie sich von ihren Geburtsfehlern befreit.[123]

Heinroth akzeptiert das Weltgesetz der Polarität. Lediglich dem patriarchalischen Hirtenvolke der Israeliten ist es vergönnt gewesen, den Keim der richtigen Naturanschauung im Glauben an den Schöpfergott Gott der Väter fortzupflanzen.

Ausdrücklich wendet sich Heinroth gegen die idealistischen Tendenzen früherer und jetziger Zeiten. Hier findet eine Einengung des Menschen zwischen Natur und Geist statt. Auch mikro- und makroskopische Analogien sowie den Versuch den Menschen aus den Gliedern der Natur zusammenzubauen erklärt Heinroth für gescheitert. Insgesamt weigert er sich beim idealistischen Standpunkt von Naturwissenschaft zu sprechen.[124] Folgerichtig erfährt die zu einseitig ausgerichtete idealistische Methode der Spekulation Kritik: Die

> *„Spekulation ist nicht der Weg weder zur ersten noch zur zweiten: sondern nur das Herz findet den Schöpfer, den*

---

[122] Johann Christian Heinroth, Grundzüge der Naturlehre des menschlichen Organismus, S. 1
[123] Vgl. Johann Christian Heinroth, Ueber den Vortheil des gegenständlichen Denkens in der Anthropologie, S. 391 f.
[124] Vgl. hierzu die eingehende Begründung: Johann Chrisian Heinroth, Ueber die Standpunkte anthropologischer Forschung, S. 381

Geist; und nur der also gesunde Schöpfergeist lehrt und die Natur, seine Schöpfung richtig verstehen." (L.d.A., S. 227 f)

Ebenso kritisiert der Autor die Naturforschung. Diese hat den kultivierteren Teil der Menschheit von einem Irrglauben zum nächsten geführt. Kant und Fichte wird das erkenntnistheoretische Verdienst zugeschrieben, die Außenwelt als Erscheinungswelt zu verstehen. Allerdings versteht Heinroth Kant und Fichte dabei so, dass der inneren Erscheinung nicht unbedingt eine materielle Natur, so doch aber Gesetze und Kräfte zu Grunde liegen.

Der Verzicht auf Materialität, aber die Behauptung von Kräften und Gesetzen führt, so der Autor, zum Urquell allen Seins und zum göttlichen Wesen selbst. Die Kraft und das Gesetz sind nämlich von Gott inspiriert und initiiert. Die subjektive Komponente der erkenntnistheoretischen Leistung wird bei Heinroths Rezeption vernachlässigt.

Zugleich stellt sich die Frage nach der realen bzw. materiellen Existenz von Kräften und Gesetzen. Die Adaption von Kant und Fichte auf einen christlichen Schöpfer mündet in einer wahren Erkenntnis von Natur und Gott, denn der Mensch erkennt nunmehr das Wirken des göttlichen und anbetungswürdigen Wesens in der Natur. Daraus ergibt sich die Folgeerkenntnis, dass das menschliche, äußere Sein durch ein Werden und Vergehen gekennzeichnet ist, wobei dieses ein Heraufsteigen zu Höherem impliziert.

Aus dem Wechselverkehr mit der Natur soll der Mensch die Freiheit seines Daseins gewinnen. Es ist das Wesen des Menschengeistes, dass er über die Natur herrschen kann.

In der Natur herrschen auch geheime Kräfte, die ihren Ursprung in höheren Gefilden besitzen. (L.d.A., S. 230 ff.) Mit dieser Formulierung wendet sich Heinroth dem Gebiet des Magnetismus zu. Heinroth nimmt den Magnetismus als wissenschaftlich-physikalisches Phänomen an. Kritisch bis ablehnend steht er dem medizinisch-psychologischen Magnetismus-Diskurs gegenüber. Die lebensmagnetische Kraft besitzt ihre Quelle „in einem Mittelding zwischen physischer und psychischer Kraft, dem Lebens-Aether, bald rein psychisch in der moralischen Kraft des Willens oder des Glaubens sucht." (L.d.A., S. 233) Sowohl Komponenten der Physis wie auch der Psyche sind bei den Vorgängen des Magnetismus beteiligt.

Es ist also weder ein rein körperliches noch seelisches Phänomen. Heinroth verurteilt diejenigen Stimmen, welche Magnetismus-Phänomene für Betrug halten. Vielmehr kann vielleicht den lebensmagnetischen Ereignissen der Charakter von Wundern inne wohnen.

Bereits hier ist erkennbar, dass Heinroth den Magnetismus-Diskurs partiell zur Belegung seiner religiös-christlichen Standpunkte zu instrumentalisieren gedenkt. Zunächst greift er mögliche Extrempositionen in Sachen Magnetismus an. Darunter sind realistische und schwärmerische Positionen. Es ist die Aufgabe der (zwangsläufig zu Gott führenden) Vernunft, den Menschen in ein Reich des Lichts zu führen, „in welchem das menschliche Selbst die Freiheit seinen Neigungen zu folgen aufgebe, folglich sich selbst verläugnen muß." (L.d.A., S. 235)

Wer der inneren Vernunft folgt, dem offenbaren sich göttliche Dinge wie diejenige des Magnetismus. Diese Argumentationsweise verfährt residualkategorisch und tautologisch. In den Phänomenen des Magnetismus lassen sich göttliche Offenbarungszeichen ablesen. Wer dies nicht erkennt, der benutzt seine Vernunft nicht richtig. Wem wahre Vernunft eingegeben ist, der kommt nicht umhin, die göttliche Inspiriertheit des Magnetismus erkennen. Mit hohem argumentativem Aufwand grenzt sich Heinroth auf der anderen Seite von allzu leichtgläubigen und wundersüchtigen Positionen ab.

Somit ist der Magnetismus weder zu verleugnen, noch als Quelle alles physischen und psychischen Heils zu bezeichnen. Es ist von einer bedingten Wahrheit der lebensmagnetischen Phänomene auszugehen, da ein Mensch auf den anderen zu wirken vermag. So ist es die Einbildungskraft des Magnetiseurs, welcher die Einbildungskraft des Magnetisierten beeinflusst. Ein psychischer Impuls eines Menschen tätigt eine physische oder psychische (bzw. geistige) Wirkung bei einem anderen. Damit liegt eine Wurzel des tatsächlich existierenden Magnetismus-Phänomens in psychischen Faktoren.

Ein weiterer Schritt der wissenschaftlichen Analyse des Magnetismus-Phänomens besteht in einer (wissenschafts-) historischen Analyse. Plausibilität, Stringenz, Legitimität und Authentizität von wissenschaftlichen Standpunkten wird durch historische Erörterungen erhöht.

Rhetorisch fragt der Autor, ob durch seine letzten Ausführungen der Magnetismus nicht seines Wunderbaren und Unerhörten beraubt worden wäre. In einer ungewohnt blumigen und metaphorischen Sprache verweist Heinroth auf ambivalente Beurteilungen des Magnetismus:

> *„Wenn nicht oder schwer zu leugnen ist, daß jene Masse theoretischer Speculationen eben sowohl als die der factischen Belege nur durch den dunklen Grund getragen worden sind, auf den man sie baute, so ist es wohl erklärbar, daß ein einziger Lichtstrahl, auf dieses Dunkel geworfen, hinreicht, um seine Nebel zu zerstreuen. Man weiß, wie alles Neue, Auffallende, mit einer gewissen Keckheit Ausgesprochene, die Köpfe erhitzt und entzündet, und wie der Widerspruch nur lebhaftere Regungen hervorruft, so daß aus der Mücke zuletzt ein Elephant wird. Allein die Lehre vom Lebensmagnetismus, und seinen magischen Wirkungen ist nicht neu, wenn auch in früherer Zeit nicht unter diesem Namen bekannt."* (L.d.A., S. 240)

Noch lässt Heinroth den Leser hinsichtlich einer abschließenden Beurteilung des Magnetismus im Unklaren. Sowohl die Alten als auch die moderne, an Intelligenz und Wissen überlegene Generation lässt sich von Scheinphänomenen blenden. Deshalb ist es erforderlich, das tiefere Wesen des Lebensmagnetismus zu analysieren.

Ein sozialanthropologischer Befund lautet, dass es in der werktätigen Klasse Individuen gibt, „die ein größeres Erregungsvermögen auf die Lebendigkeit Anderer, vor Allen der Hilfsbedürftigen, besitzen, als die große Masse der in ein gewisses beschränktes Gleichgewicht des Lebens gestellten." (L.d.A., S. 243) Ebenso sind Ärzte und Helfer denkbar, welche durch individuelle Prädispositionen zu besonderer Hilfeleistung und Einflussnahme bei anderen Individuen in der Lage sind. In diesem Stadium handelt es sich um Außergewöhnliches und nicht Alltägliches.

Gleichwohl gibt es, so gesteht der Autor ein, darüber hinaus einen Punkt des menschlichen Daseins, der hinter der Erklärungskraft der gewöhnlichen Natur, ihrer Gesetze und Erscheinungen reicht.

Darunter werden v.a. die in der Heiligen Schrift des Alten und Neuen Testamentes erwähnten Wunder subsumiert. Wunder stehen mit dem göttlichen Geist in Verbindung. In der Erscheinung von Jesus finden biblische Wunder ihren Kulminationspunkt. Der Kreis der Wunder ist in den Kreis der Heiligen eingeschlossen, da das Wesen des Geistes die Heiligkeit ist. Zugleich ist die Heiligkeit bzw. die Reinheit die wahrhaftige Form der Seele.[125] Der Geist (Gottes) offenbart sich in der (materiellen) Natur.

Wunder resultieren aus der Kraft und aus dem Geist. Alleine wirkliche Heilige können wahrhafte Wunder vollbringen. Deswegen ist es zu verneinen, dass die Phänomene des Lebensmagnetismus als Wunder zu bezeichnen sind. Vielmehr bewegen sie sich im Bereich des Außergewöhnlichen. Es liegt am Menschen, diese Distinktion zu ziehen.

Wahrer Lebensmagnetismus besteht aus der Liebe. Muten die Menschen dem wissenschaftlichen und praktizierten Lebensmagnetismus mehr zu als außergewöhnliche und weltliche Dinge, verschieben sie diesen in den Bereich der Sünde, was von Heinroth kritisiert wird:

> „Es ist also der höchste Frevel, Sünde wider den heiligen Geist, wenn Unheilige, wenn Sünder sich die Kraft der Wunder anmaßen, die sie ihrer dünkelhaften, ja wahnsinnigen Einbildung besitzen können; und den Namen d.h. die Kraft Gottes zum Spiel der Willkür herabziehen wollen, ist das schwärzeste aller Verbrechen, ist die Lüge, die sich zu ihrer Beglaubigung der Wahrheit bedienen will, oder es ist thörichte, aus Unwissenheit und selbstischem Dünkel erzeugte Verblendung". (L.d.A., S. 245)

Heinroth attackiert Wissenschaftler, welche Phänomenen des Lebensmagnetismus die Aura des Heiligen, Religiösen und Mystischen zuspre-

---

[125] Johann Christian Heinroth, Grundzüge der Naturlehre des menschlichen Organismus, S. 121

chen. Dabei verwendet er den Superlativ von hoch und kombiniert diesen mit den Substantiven Frevel und Sünde. Sünde richtet sich gegen Gott. Bei der Verurteilung solchen Verhaltens treten argumentative Ambivalenzen auf, da sie entweder als schwärzestes Verbrechen oder aus selbst verblendetem Dünkel resultieren können.

In jedem Fall ist es falsch, Lebensmagnetismus mit Religiösem und Wundern in Verbindung zu setzen. Dies bedeutet, dass man außergewöhnliche, aber säkular-verhaftete Momente mit etwas Heiligem verbindet.

Als Basismerkmale des Natur- und Menschenlebens identifiziert Heinroth die Erregung und die Kraft. Leben ist die Kraft der Erregung. Erregung entstammt den Theoriegebäuden des englischen Arztes Brown. Dieser wurde in der romantischen Medizin häufig rezipiert.

Allerdings stellt sein Irritabilitätsprinzip eine Art Schnittmenge des Gedankenguts der Aufklärung und Romantik dar. Es gilt dabei, dass je größer die Kraft der Erregung ist, desto höher steht das Leben: „Es gibt also eine gewisse Intension des Lebens: Energie, die eine gleich große Extension desselben: Wirksamkeit, zur Folge hat." (L.d.A., S. 245)

Weitere Kennzeichen bilden die Wechselerregung und die Verteilung des Lebens in unterschiedliche Erregungskreise. Von der Sonne und ihren Planeten werden die dargelegten Prinzipien auf die Erde transferiert, hierbei insbesondere chemische und elektrische Erscheinungen sowie mineralisch-magnetische Polarität.

Wechselerregung manifestiert sich am deutlichsten in organischen Naturen. So sind alle Pflanzenteile sich erregende Wechselglieder. Als allgemeinste Form der Wechselerregung ist die gegenseitige Erregung der Geschlechter zu betrachten, welche als magnetische Anziehung bezeichnet wird.

Ebenso ist bei den Geschlechtern das Prinzip der Abstoßung zu beobachten. Dabei gilt das elektrische Gesetz, „nach welchem nur Entgegengesetztes sich anzieht, Gleiches sich abstößt." (L.d.A., S. 249) Beim Menschen gilt es aktive (Selbsttätigkeit) und passive (Empfänglichkeit) Erregung zu differenzieren. Das Prinzip der Lebenserregung wird dem Menschen in weitgehender Freiheit überlassen.

Alle Krankheiten des Menschengeschlechts resultieren aus der Sünde. Folgerichtig können Geisteskrankheiten durch das Leben im Glauben und eine religiöse Ausbildung der Gesellschaft angegangen werden.[126] Träume, Seelenkrankheiten[127] oder Geistes-Zerrüttungen sind eigentlich kein Teilgebiet der Anthropologie.

Der Mensch hat die Freiheit von seiner Intelligenz losgerissen. Geisteskrankheiten sind Zustände der Unfreiheit von Personen.[128] Wahn, Leidenschaft und Laster, welche der Stimme des Gewissens trotzen, rauben dem Menschen die Freiheit und binden ihn dauerhaft und vollständig.[129] Folglich sind es weniger ungereimte, krankhafte Triebe, welche bei der psychisch-gerichtlichen Medizin eine Rolle spielen, sondern, ob die zu beurteilende Person als frei oder unfrei in ihrer Person zu beurteilen sei.[130] Freiheit ist damit gleichbedeutend mit menschlich-psychischer Gesundheit.[131] Dies trifft nur auf die ursprünglichen Krankheiten zu, welche in die Reihe der Naturerscheinungen eingetreten sind und dem Naturgesetz folgen.

Was in der Sünde erzeugt wird, pflanzt sich von Geschlecht zu Geschlecht fort. Folgt das Ich als Mitte des geistigen Organismus dem Licht des Gewissens und Glaubens, den Ideen des Wahren, Schönen und Guten, so kann es von keiner externen Naturmacht noch von den

---

[126] Jakob Friedrich Fries, Handbuch der Psychischen Anthropologie, Zweiter Band, S. 112
[127] So wird Heinroth zu Recht ein sehr genereller und allgemeiner Begriff der Seelenkrankheit vorgeworfen. C. P. Möller, Anthropologischer Beitrag zur Erfahrung der psychischen Krankheit, S. 57
[128] Jakob Friedrich Fries, Handbuch der Psychischen Anthropologie, Zweiter Band, S. 113
[129] Michael Leupoldt, Heilwissenschaft, Seelenheilkunde und Lebensmagnetismus in ihrer natürlichen Entwickelung und nothwendigen Verbindung, S. 247
[130] Friedrich Groos, Ueber Spontaneität, moralische Freiheit und Nothwendigkeit, S. 23
[131] Michael Leupoldt, Heilwissenschaft, Seelenheilkunde und Lebensmagnetismus in ihrer natürlichen Entwickelung und nothwendigen Verbindung, S. 263

Einwirkungen der sozialen Welt beherrscht werden: Irrewerden ist somit nicht möglich.[132]

Erneut ergibt sich somit ein Bild von Kranksein, wonach Krankheit durch den Menschen verschuldet wird. Das Verhältnis von Mensch und Natur ist defizitär. Daraus lassen sich viele Folgeprobleme des Menschen ableiten:

> *„Wo der Herr im Hause sich der Unordnung ergiebt, da leidet das ganze Haus. Die Natur hat sich gegen den Menschen empört, weil der Mensch seine Herrschaft zu behaupten nicht gewußt hat. Ja es ist soweit mit dem Menschen gekommen, daß er kaum nicht eine dunkle Ahnung von der ihm ursprünglich über die Natur verliehenen Herrschaft besitzt. Das Geschlecht im Ganzen hat nur einen Glauben an seine Schwäche, aber nicht an seine Macht, die an die Leitung der Freiheit durch die Intelligenz gebunden ist. Ueberall wo wir dieses Verhältnis vorwalten sehen, sehen wir auch Gedeihen im Menschengeschlecht; wo es vernachlässigt, nicht beachtet wird, wo man mit Aller Macht sich dagegen sträubt, sehen wir auch Zerstörung und Untergang. Das Steuerruder des Lebens ist in der Hand der Intelligenz; wo diese zurückgestoßen wird, da erfolgen Abweichungen von der rechten Bahn, Verirrungen, Schiffbrüche."* (L.d.A., S. 250)

Der Mensch wird mit dem Bild eines Herrn im Hause über die Natur gesetzt. Wo der Mensch in der Natur nicht mehr Ordnung zu halten in der Lage ist, da ergeben sich zahlreiche Folgeprobleme. Dem Menschen wird konzediert, dass er nicht einmal ahnen kann, welche Macht ihm über die Natur verliehen worden ist.

Heinroth argumentiert in der Tradition der Aufklärung, in welcher von einem beinahe grenzenlosen Fortschrittsoptimismus ausgegangen wurde. Die Natur hatte dort dem Menschen zu dienen und konnte von diesem problemlos instrumentalisiert werden. Dies hing mit der Zu-

---

[132] Adam Karl August von Eschenmayer, Grundriss der Psychiatrie in ihrem theoretischen und praktischen Teil, S. 81

grundelegung des mechanistischen Paradigmas[133] zusammen, nach welchem die Fähigkeit zur Naturbeherrschung zwangsläufig war.

In der Romantik, mit dem Paradigma des Organismus, wird nicht mehr von einer kausal-mechanistischen Naturbeherrschung ausgegangen. Die Natur ist Teil des Ganzen und somit anders steuerbar.

Heinroths Steuerungsvorstellungen der Natur bewegen sich im Umkreis eines – modern formuliert - Stimulus-Response-Schemas mit einem klar zu unterscheidendem Steuerungssubjekt und Steuerungsobjekt. Der Autor fordert den Menschen zu Herrschaftsleistungen über die Natur auf, da ansonsten Verfall und Untergang droht.

Durch die monierten Versäumnisse des Menschen entstehen krankhafte Verhältnisse in den Kräften der Erde. So ist es nicht verwunderlich, dass der Mensch in eine Abhängigkeit von der Natur gerutscht ist. Gesund ist ein Leben in Freiheit.

Es ist Heinroths Verdienst, die Lehre von der Seelengesundheit an die Spitze der Lehre von den Seelenkrankheiten gestellt zu haben.[134] Seelengesundheit ist die zentrale Komponente der menschlichen Gesundheit überhaupt.[135] Wenn man hinzusetzt, dass Freiheit das vermittelnde Prinzip zwischen Welt und Geist ist, dann kann man folgern, dass im Falle der Krankheit das Verhältnis von Welt und Geist nicht mehr stimmig ist.[136]

Gesundheit bedingt eine Zunahme der erregenden Kraft (des Lebens). Als Merkmal der Zeit Heinroths werden Nervenkrankheiten identifiziert. Diese organische Krankheit kann physisch und psychisch bedingt

---

[133] Ersichtlich wird die Verwandtschaft Heinroths mit dem mechanistischen Paradigma der Naturbeherrschung durch
die häufigere Verwendung des Begriffs Hebel.
[134] Carl Gustav Carus, Vorlesungen über Psychologie, S. 213 f.
[135] Carl Gustav Carus, Vorlesungen über Psychologie, S. 216
[136] Johann Christian Heinroth, Grundzüge der Naturlehre des menschlichen Organismus, S. 140 f.

sein. Es ist laut Möller markantes Merkmal, dass Heinroth Krankheiten nicht nur als Folge bzw. Wirkung der Seele betrachtet hat.[137]

Andere Stimmen weisen im Gegenteil darauf hin, dass bei Heinroth der letzte Grund für Geisteskrankheiten psychologischer Natur ist:

> „Sollte freilich Heinroth ganz recht haben, so stünde es anders. Er unterscheidet die geistig gebundenen Zustände, in denen ein körperliches Leiden den Geist hindert als organisch-psychisches Leiden von den geistig unfreien Zuständen der eigentlichen Geisteskrankheit als psychisch-organischem Leiden, in welchem die körperliche Krankheit erst vom Geiste bewirkt seyn soll. Hier würde alle Geisteskrankheit ursprünglich psychologisch zu beurtheilen seyn".[138]

Auch Leupoldt wirft Heinroth gewisse Vereinseitigungen bei der Lehre von den psychischen Krankheiten vor.[139] Fraglich könnte sein, ob nicht bereits eine seelische Verstimmung vorgelegen hat, wenn Irresein materiell bedingt ist.[140] Leibliche Bedingungen von Krankheiten werden bei Heinroth als Wirkung schon vorhandener Krankheiten des Seelenlebens erklärt. Insofern ist es notwendig, Einheit in das Seelenleben zu bringen.[141]

Heinroth klassifiziert die wahren Formen der Geisteskrankheit systematisch nach rein psychischen Unterschieden.[142] Es ist somit eine Konnotation der psychischen Seite vorhanden.[143] Heinroth habe durch die-

---

[137] C. P. Möller, Anthropologischer Beitrag zur Erfahrung der psychischen Krankheit, S. 73
[138] Jakob Friedrich Fries, Handbuch der Psychischen Anthropologie, Zweiter Band, S. 154
[139] Michael Leupoldt, Die gesammte Anthropologie, Erster Band, S. 61 f.
[140] Karl August von Eschenmayer, Grundriss der Psychiatrie in ihrem theoretischen und praktischen Teil, S. 50
[141] Michael Leupoldt, Heilwissenschaft, Seelenheilkunde und Lebensmagnetismus in ihrer natürlichen Entwickelung und nothwendigen Verbindung, S. 240
[142] Jakob Friedrich Fries, Handbuch der Psychischen Anthropologie, Zweiter Band, S. 123
[143] Carl Gustav Carus, Vorlesungen über Psychologie, S. 253

se Extrempositionen Ärzten, die körperliche Ursachen für Krankheiten des Seelenlebens angenommen haben, Unrecht getan.[144]

Bei den Somnambulen ist ein Defizit der Erregungsfähigkeit zu verzeichnen. Erregung verbürgt für den Zustand des Lebens. Des Weiteren ist eine Korrelation von Geistesschwäche und Willenlosigkeit anzunehmen.[145] Was bei diesen Ausführungen für das Individuum gilt, trifft ebenso auf das Menschengeschlecht als Ganzes zu.

Durch diese Ausführungen glaubt Heinroth nun die Gründe für die Erkrankungen offen gelegt zu haben, welche eine lebensmagnetische Behandlung erfordern. Wie erinnerlich wertet er die Symptom-Behandlung durch lebensmagnetische Kur- und Therapiemethoden als zwar außergewöhnlich und nicht alltäglich, dennoch aber im menschlichen und säkularen Bereich verhaftet.

Das Fazit lautet folgerichtig:

> *„Die Summe dieser ganzen Betrachtung ist: daß das Leben, seinem Wesen nach, als Kraft der Erregung betrachtet werden muß, daß die Kraft der Erregung im Menschen am höchsten gesteigert ist, daß nur Krankheit diese Kraft lähmt, daß die Krankheit die Folge gemißbrauchter Freiheit ist, daß die Freiheit unter Leitung der Intelligenz das Leben des Menschen zur vollen Gesundheit steigert, und daß nur in diesem Zustande das ganze Maß der menschlichen Kräfte erscheinen kann, deren Centralpunkt das Leben selbst, die Kraft der Erregung ist, welche wir jetzt, wo sie in seltenen Naturen ... hervortritt, lebenmagnetische Kraft zu nennen pflegen."* (L.d.A., S. 253)

Heinroth prangert einen Menschen und Menschheit bedrohenden Zustand an und fordert Korrekturen, welche alle Menschen und die Lebensqualität betreffen. Zugleich prognostiziert er, dass lebensmagnetische Erscheinungen Vorboten sind. Alle Menschen können von ihrer

---

[144] Michael Leupoldt, Heilwissenschaft, Seelenheilkunde und Lebensmagnetismus in ihrer natürlichen Entwickelung und nothwendigen Verbindung, S. 222

[145] Jakob Friedrich Fries, Handbuch der Psychischen Anthropologie, Zweiter Band, S. 127

Anlage her diese besonderen Zustände erreichen. Somit entzaubert Heinroth lebensmagnetische Phänomene vom Nimbus des Wunderbaren oder Transzendenten und er verspricht, dass jeder Mensch die Anlage zu diesen Fähigkeiten und Ausprägungen in sich trägt.

Nach der Analyse der Beziehungen des Menschen zur Natur wendet sich Heinroth den Beziehungen des Menschengeschlechts auf sich selbst zu. Staats- und gesellschaftstheoretisch lässt sich die höchste Idee des Staats als freie Gemeinschaft formulieren.

Dazu ist aber eine historisch-zeitliche Entwicklungsstufe des Menschen notwendig. Deren Darstellung kann legitimierend auf den Entwurf kontemporärer Staatstheorien und staatlicher Verfassungen wirken, da der Mensch und die Menschheit sich nicht vollständig auf der anzuvisierenden Stufe der Entwicklung befinden. (L.d.A., S. 254 f.)

Vernunft, Gutes und Freiheit sind dem Menschen anheim gegeben. Via Vernunft kann Freiheit realisiert werden. Allerdings ist der Mensch gefallen und trägt somit das Böse in sich. Dieses äußert sich „als Prinzip der Selbstsucht, oder des Hanges zur Trägheit, zur Abneigung vom Guten." (L.d.A., S. 255) Gute wie böse Anlagen werden mit den Metaphern des Keimes und Samens belegt. So führt der Keim und Samen des Bösen zur Wucherung des Unkrauts, welches dem Menschen Verderben bringt.

Alle übertriebene Selbstbezogenheit des Menschen führt historisch gesehen zum Untergang. Das Reich des Guten entspringt einer ewigen und damit transzendenten Wurzel. Das Böse vermag es das Reich des Guten zu läutern und reinigen, bleibt zugleich aber bestehen: „Daher sehen wir in der Geschichte des Menschengeschlechts gute Frucht und Unkraut unter einander fortwachsen, und erstere durch letzteres zwar unterdrückt, aber nie vertilgt werden." (L.d.A., S. 256)

Das historische Prinzip ist ein dialektisches, welches in einem fortwährenden Widerstreit von guten und bösen Prinzipien durchzogen ist. Allerdings gelingt es keiner der beiden Seiten völlig (und für immer) die Oberhand zu gewinnen. Ebenso verhält es sich mit der Anlage des Menschen. Alle Menschen, wie auch der einzelne Mensch, sind weder von Natur aus böse noch gut. Es ist nun der Entwicklung des einzelnen Menschen überlassen, ob sich vermehrt das gute oder das schlechte Prinzip durchsetzt.

In jedem Fall besitzt der Mensch durch die ihm innewohnende Freiheit die Möglichkeit zur Entwicklung in beide Richtungen. Die wesentliche Differenz zwischen Verstand und Vernunft wird wie folgt ausgedrückt: „Der Verstand ist auf die Welt, die Vernunft ist auf Gott gerichtet. Der Verstand dient, die Vernunft herrscht."[146] Verstand korreliert mit Weltlichem, die Vernunft hingegen mit Transzendentem.

Auch das Wesen ist antithetisch ausgerichtet. Während der Verstand dient, herrscht die Vernunft. Vernunft bedeutet das Vermögen der Einheit, da es ausgleicht, einigt und Getrenntes zusammenfügt. Außerdem knüpft die Vernunft alles an das ewig-heilige Wesen Gottes. Freiheit ist die Bedingung des heiligen und seligen Lebens. Freiheit meint auch Freiheit von Selbstbezogenheit.

Liebe realisiert das Prinzip der Vernunft. Vernunft als Idee und Gründungsprinzip eines Staates schreibt eine freie Vereinigung der Bürger vor. Darüber hinaus sollten sich alle Staaten zu einem großen Bundesstaat zusammenschließen, in dem das Prinzip der Vernunft herrscht.

Der Geist ist der Natur entgegengesetzt. Sein Prinzip ist Einheit. Eine Erhaltung des Geistes widerspricht den Prinzipien der Erhaltung der Natur. Ewiger Friede ist die Idee der Vernunft und des Geistes. Durch die Einheit des Bewusstseins[147] ist der Mensch in das Reich des Geistes aufgenommen. Alles Arbeiten und Gedeihen resultiert aus der Tätigkeit des Geistes. Es ist der Geist, welcher das Leben ermöglicht, wobei der Umkehrschluss ebenso gilt.

---

[146] Johann Christian Heinroth, Ueber die Einmischung religiöser Prinzipien in die Anthropologie, S. 449
[147] Wissen vom Ich wird durch das Bewusstsein ermöglicht. Ich und Bewusstsein sind kaum voneinander zu trennen. Johann Christian Heinroth, Über die doppelte Bedeutung des Begriffs Geist, S. 418

Alles Leben der Natur ist ein Erzeugnis des Geistes und wird vom Geist getragen. Der menschliche Geist ist eine Urkraft, welcher seinem Wesen nach frei ist.[148]

Ein finales Ziel besteht in der Verbrüderung der Menschen durch die Liebe. So könnten Menschen und Völker füreinander da sein und einander helfen, wobei die Komponente der Reziprozität betont wird. Dies gilt auf der materiellen Waren- wie auch der immateriellen Ideenebene. Und schließlich verwendet Heinroth die Terminologie des goldenen Zeitalters:

> „Es würde das goldene Zeitalter aus dem Reiche der Poesie in das Leben selbst übergehen: denn in der Harmonie aller Kräfte liegt auch die höchste Gesundheit und Fülle des Lebens, wie bei dem Individuum, so im Ganzen. Die Zeit des allgemeinen Friedens und allgemeiner Eintracht würde also auch zugleich die der höchsten Cultur und des höchsten Wohlbefindens seyn; und wir haben für eine solche Zeit keinen andern Namen, als den des Zeitalters der Vernunft: denn nur die Vereinigung der Menschen durch die Vernunft würde solche Wunder zustande bringen können." (L.d.A., S. 286)

Das goldene Zeitalter ist das Zeitalter der Vernunft. Die Realisierung des goldenen Zeitalters besitzt einen hypothetischen und keinen final-teleologischen Charakter.

Der Mensch besteht ja aus einem permanenten Konflikt von guten und schlechten Prinzipien. Deshalb kann die Verwirklichung des Vernunftreiches schwerlich ein Gegenstand irdischer Realisierung sein. Dafür sind die anthropologischen Voraussetzungen zu schlecht. Allerdings kann sich die Vernunftebene im Einzelnen durchsetzen und wenn jedes Glied des Gesamtorganismus die anderen unterstützt und deren Kraft steigert, kann die Mündigkeit des Menschengeschlechts vollendet werden.

---

[148] Johann Christian Heinroth, Grundzüge der Naturlehre des menschlichen Organismus, S. 129

Es ist davon auszugehen, dass im Entwicklungsverlauf das Böse verschwindet und das Gute siegt. Heinroth prognostiziert, dass sich das Zeitalter der Vernunft als letzte Entwicklungsstufe der Menschheit in Amerika vollziehen wird. Dies wird mit dem dort herrschenden progressiven und freiheitlichen (sozio-politischen) Entwicklungsstand eingehend begründet. (Vgl. L.d.A., S. 277-292)

Erst jetzt gibt Heinroth eine normativ-teleologische Zielsetzung des Menschen zu erkennen. Das Menschengeschlecht soll es vollbringen, sich im Laufe der Zeit zu einem organischen Ganzen zu entwickeln. Hiermit erfährt die Organismus-Metapher die im Wissenschaftsdiskurs der Zeit übliche Berücksichtigung und Betonung.

Mensch wie auch Menschheit bilden als Ganzes einen (Gesamt-) Organismus: Der Mensch ist sowohl in der leiblichen wie auch psychischen Ausrichtung ein organisches Wesen.[149] Insofern verwundert eine Naturlehre eines ganzen und einigen menschlichen Organismus nicht, wodurch der Ganzheitsaspekt des Organismus betont wird.[150]

Die höchste Bestimmung liegt im ewigen Schöpfergeist, welcher „die ganze Menschheit in allen ihren Individuen heraufziehen und mit sich zu ewigem und seligem Leben vereinigen will." (L.d.A., S. 293) So setzt bei jedem Menschen die Vernunft an und versucht diesen durch einen Anknüpfungspunkt mit ihr zu verbinden. Vernunft ist gleichbedeutend mit der Entwicklung und dem Geist von Wahrheit. Vernunft, Gewissen und Bewusstsein sind nach Heinroth identisch.[151]

Das ewige Leben wird mit der Metapher des ewigen Reichs (Lichts) umschrieben. Der Autor fragt rhetorisch, ob sich mit der potentiellen und avisierten Vereinigung der Menschen auch ein Reich bzw. Zeitalter der Vernunft entwickeln wird. Darüber hinaus stellt sich die Frage nach

---

[149] Johann Christian Heinroth, Ueber die Würde der Anthropologie, S. 455
[150] Johann Christian Heinroth, Grundzüge der Naturlehre des menschlichen Organismus, S VII
[151] Johann Christian Heinroth, Ueber die Einmischung religiöser Prinzipien in die Anthropologie, S. 450

dessen Lokalisierung, z.B. ob dieses Reich der Vernunft auf Amerika beschränkt sein wird.

Insgesamt tendiert der Autor gegen die Realisierungsmöglichkeit des Vernunftreichs, da die gesamte Menschheitsentwicklung dagegen spreche. Im Orient hatte der Genius der Menschheit seine Kinder- und Jugendjahre, im Okzident seine reifere Jugend und sein Mannesalter. Früher vom Genius erleuchtete Länder und Völker liegen jetzt in tiefer geistiger Umnachtung. Damit wird die historische Kontingenz hinsichtlich gesellschaftlich-sozialer Entwicklung deutlich.

So ist es folgerichtig, dass jedes Volk zu seiner Zeit einen bestimmten Anteil zur Ausbildung der Idee der Vernunft und menschlichen Verbrüderung besitzt. Eigenart der göttlichen Idee ist es, sich dabei der Völker und Zeiten nur als Organ zu bedienen:

> „Ein Organ ist nicht ohne Organismus denkbar; und kann die Vernunft auf Erden sich nur in Organen entfalten, so kann sie es auch nur in einem Organismus. Dieses angenommen, ließe sich wohl denken, daß die Vernunft, nachdem sie sich in einem Centralorgan ausgebildet, durch dasselbe auch die übrigen, die sie im Laufe der Bildung liegen gelassen, wieder mit neuem Leben erfüllte, oder vielmehr zum wahren Leben in ihr selbst hervorrufte (sic!). Mit anderen Worten: es ließe sich denken, daß die Herrschaft der Vernunft, in einem bestimmten Erdstrich erwacht, und dargestellt in der Einigung und Verbrüderung eines bestimmten Volkes oder eines Kreises sich nahe berührender Völker, sich auch allmählich über den übrigen Erdkreis verbreitete, indem vom Mittelpunkt ihrer Wirksamkeit aus, auch in die scheinbar erstorbenen, oder noch nicht zum Leben erweckten Völker ein neues, ja das höchste Leben ergossen würde." (L.d.A., S. 295)

Erneut werden Teile der vorigen Argumentation zurückgenommen. Mit der Organismus-Metapher und Organismus-Analogie begründet, entwirft der Autor ein Bild der Verbreitung der Vernunft und Verbrüderung der Menschen über viele Völker bzw. die ganze Erde hinweg. Allerdings verwendet der Autor den Konjunktiv: dass sich etwas denken lasse, verweist eben auf einen Bereich des Möglichen, aber nicht Sicheren.

Da die Erde als Organismus begriffen wird, lautet die Hypothese, dass, sobald sich ein Organ des Organismus in der Vernunft und Verbrüderung realisiert hat, dieses auf jeden anderen Teile des Organismus übergreifen müsse. Verstärkt wird dieser Gedanke dadurch, dass jeder Erdteil und jedes Zeitalter bzw. jedes Lebensalter einen Organismus für sich inklusive eines in sich vollendeten Einzellebens bilde. Jede Entwicklungsstufe der Menschheit besteht somit für sich und ist auf sich begründet. Dennoch sind alle Entwicklungsstufen insgesamt ein Teil eines höheren Ganzen. Nur von innen heraus kann die geistige Entwicklung des Menschengeschlechts wie des Menschen verstanden werden.

Betrachtet man die Entwicklung der Menschheitsgeschichte von außen, dann vermittelt sich einem der Eindruck von Chaos. Ein organischer Blick von innen hingegen ermöglicht die Erkenntnis von Einheit und Geplantheit. Via organischen Keim entwickeln sich Organe, welche in der Realisierung der Idee eines lebendigen Ganzen münden sollen. Anlage bzw. Keim der menschlichen Vernunftentwicklung ist die Sprache und das Bewusstsein. Entwicklungsorgane sind Völker. Es gibt bei der Vernunftentwicklung keinen wirklichen Rückschritt. (L.d.A., S. 297 ff.)

Wie der Leib des Menschen nur einer Seele[152] gehorcht, so ist Vernunft Abdruck und Ausdruck der einen Offenbarung und Weltintelligenz. Alles, was sich in den Kategorien der Räumlichkeit und Zeitlichkeit vollzieht, ist ein Produkt der Vernunft bzw. des Geistes.

Wie aus dem Embryo noch nicht die Gestalt des späteren Menschen zu erkennen ist, so kann man auch vor dessen Realisierung nicht den Gesamtplan hinter der Entwicklung der Menschheitsgeschichte erkennen. Demnach gilt es, die inneren Organisationsprinzipien und die Entwicklungsgesetze des Werdens zur Vernunfteinheit des Menschenge-

---

[152] Die Seele wird als belebendes Prinzip des Menschen angesehen. Johann Christian Heinroth, Grundzüge der Naturlehre des menschlichen Organismus, S. 117

schlechts zu erkennen. Grundidee des Lebens ist das Wechselverhältnis der Erregung, welches durch bestimmte und verschiedene organische Glieder bedingt ist. Jede Bestimmung durch das Entgegengesetzte heißt Erregung.[153]

Es erfolgt eine Analyse der organischen Gesichtspunkte der Völkerverhältnisse. Diese historische Analyse mündet in einem Befund für die Gegenwart. Demnach bildet sich in Amerika ein Zentralorgan zur Belebung des geistigen Mechanismus der Menschheit heraus. Dann kann sich durch die vermittelnden Organe via Lebenserregung diese Vernunft über die Erde verbreiten und das Zeitalter der Vernunft könnte auf der ganzen Welt Frieden und Gerechtigkeit zur Realisierung verhelfen: Das (irdische) Reich der Vernunft wäre angebrochen.

Von besonderem Interesse sind in einem solchen Zustand die Punkte Kultur, Kunst, Wissenschaft und Staatsverfassung. Ziel des bildenden Geistes ist die Erreichung selbstfindender Freiheit. Wissenschaftliche Entwicklung wird die bisherige Wissenschaft als defizitär erscheinen lassen. Auch in den Staaten und, so möchte man hinzufügen, den Staatsverfassungen wird sich das Gesetz der Vernunft durchsetzen.

Vielheit und Einheit können nur in der Mitte des Gesetzes vereinigt werden. Gesetze sind dann als Ausdruck ausgleichender Vernunft zu betrachten. Hiermit spricht sich Heinroth für eine Stärkung der Legislative aus. Zugleich könnten durch diese Ausführungen erste Indizien in Richtung Verfassungsstaatlichkeit gegeben sein. (Vgl. dazu L.d.A., S. 298-309) Bezeichnend ist, dass diese Hinführung zur Verfassungsstaatlichkeit nicht offen für den Jetzt-Zustand gefordert wird. Begründet wird dies damit, dass die Menschheit sich nicht in einem reifen Zustand befindet.

In einem letzten Schritt untersucht Heinroth die Beziehungen des Menschengeschlechts auf ein Höchstes. Mensch wie Menschheit können nur in Beziehung auf ein Höchstes gedacht werden. Nur dieses Höchste, also Gott und als vermittelndes Organ die Religion, kann die Men-

---

[153] Johann Christian Heinroth, Grundzüge der Naturlehre des menschlichen Organismus, S. 97

schen mit sich selbst zur Einheit führen. Insofern ist es konsequent zu behaupten, dass die Religion die organische Vervollständigung, Ergänzung und Vollendung der Anthropologie darstellt.[154]

Es ist die Aufgabe der Vernunft die Religion auszuüben. Religion „ist also ein Lebensverhältniß, eine Lebensbeziehung, ein Bündniß, das Band der Verknüpfung der Menschen mit Gott."[155]

Heinroth fasst seine Aussagen über den Menschen und sein Verhältnis zum Glauben zusammen: Wie

> *„der Keim zur Religion in allen Individuen, folglich im Menschengeschlecht überhaupt liegt; sodann: wie dieser Keim nur durch Offenbarung von Seiten des Höchsten selbst in der Menschheit entwickelt werden kann; ferner: wie diese Offenbarung nach Maßgabe der wachsenden Empfänglichkeit des sich geistig entwickelnden Menschengeschlechts auf mannichfaltige Weise gebrochen, oder auch verdunkelt [...] wird; weiter: wie das Licht der Offenbarung [...] bestrebt ist und seyn muß, alle Dunkelheit und Dämmerung zu verscheuchen, alle falschen Farbenbilder zu zerstören, und sich in einem immer größeren Kreise mit immer hellern Strahlen auszubreiten; endlich: wie es denn auch in seiner Reinheit mehr [...] anerkannt wird, und in der einfachen Religion der Liebe aus dem Herzen der Menschheit wiederstrahlt; zuletzt: wie nur in dem Schooße dieser Religion das Menschengeschlecht seine höhere Bestimmung erkennen und ihr mit Sicherheit entgegen gehen kann."* (L.d.A., S. 310 f)

Weiter postuliert Heinroth, dass es ein das All umfassendes Etwas als Höchstes gibt. Da die Vernunft das die höchste Einheit Suchende ist, kann diese das Höchste als Organ identifizieren. Vernunft ist ein inneres Auge, ein Organ für das Unsichtbare bzw. den Geist. Geist bzw. das göttliche Wesen erfüllen Vernunft.

---

[154] Johann Christian Heinroth, Ueber die Einmischung religiöser Prinzipien in die Anthropologie, S. 432
[155] Johann Christian Heinroth, Ueber die Einmischung religiöser Prinzipien in die Anthropologie, S. 435

Der Schöpfergeist erhält die Welt und das Universum. Ohne Berücksichtigung des Schöpfers wird die Beziehung des Menschen zur Welt selbstbezogen und sündhaft. Folglich gilt es die Welt in der Verbindung mit dem Höchsten zu betrachten. Es verbietet sich, die Welt als etwas Selbstständiges und durch sich Bestehendes zu begreifen. (L.d.A., S. 311-315)

Unendliche Sehnsucht im Menschen ist religiöser Trieb und der Glaube religiöser Sinn. Glaube besitzt als Keim die Vernunft, ist aber noch unentwickelte Vernunft. Glaube und Vernunft sind Sinn für Wahrheit und die höchste Einheit bzw. das Höchste überhaupt. Es ist dem Menschen ursprünglich nicht möglich, sich ein Bild von Gott zu machen. Folglich muss der religiöse Keim der Menschen befruchtet werden. Diese Befruchtung kann aber nicht weltlichen, sondern muss geistigen Ursprungs sein. (L.d.A., S. 315-318)

Zur Entwicklung des religiösen Keimes im Menschen wie der Menschheit ist die Offenbarung notwendig. Damit wird Anhängern der Vernunftreligion widersprochen. Vernunftentwicklung erfordert gegenständliche Einwirkung und äußere Anregung. Im Wirken des Schöpfergeists findet eine Offenbarung des Schöpfers statt. Durch die Tradition der Bibel lässt sich ein reiner Gottesbegriff entwickeln.

Ein Gipfel der göttlichen Offenbarung neben dem göttlichen Sein, Wesen und Wirken besteht in Jesus Christus. Hier konkretisiert sich das Göttliche im Menschlichen. Die Bibel erscheint als organisches Ganzes der Offenbarung. In Jesus gilt es das Menschliche wie Göttliche zu erkennen. Jesus Christus ist der Kulminationspunkt der Offenbarung. Christus ist das oberste Glied einer zeitlich- und räumlich-organischen Entwicklung. In ihm manifestiert sich Wahrheit und Leben.

Jesus ermöglicht es den Menschen, die Stimme Gottes zu vernehmen. Der Mensch versteht nur die Stimme des Menschen. Ein religiöses Verhältnis des Menschen zu Gott besteht im Gehorsam gegenüber der Gottesoffenbarung. Nach dem Sündenfall blieben im Menschen immer noch das Gesetz und eine (dunkle) Erinnerung an den Gesetzgeber zurück.

Gott vermag es das Band zwischen ihm und den Menschen erneut zu knüpfen. Die Menschheitsgeschichte zeichnet sich durch ein Umherirren und Suchen des Menschen aus. Offenbarungsgeschichte ist das Gegenteil der Weltgeschichte:

> „Diese geht, wie alles Natürliche, vom Prinzip der Spaltung, Trennung, des Gegensatzes aus, und strebt nach der größten Besonderheit, nach der umfassendsten Selbstheit, nach einer selbstischen Universalherrschaft [...] Dieses Gegentheil von ihr, die Offenbarungsgeschichte, geht, wie alles Göttliche oder rein-Geistige, vom Prinzip der Einheit aus, und erscheint als Gottesverheißung, die den Glauben, als die einzige Art, wie sich der Mensch der Gottheit noch nähern kann, zur Bedingung und Basis hat." (L.d.A., S. 329)

Menschlich-säkulares wird als mannigfaltig und gegensätzlich beschrieben. Ein (Grund-) Bestreben des Menschen geht von Gott weg. Es ist dem Menschen zu Eigen, dass er sich verwirklichen und als alleiniger Referenzpunkt Gültigkeit erhalten möchte. Göttliches und Geistiges hingegen bilden eine Einheit. Somit widerstreiten das menschliche und göttliche Prinzip. Vielfalt und Einheit stehen einander gegenüber.

Es ist dem Menschen über das Instrument des Glaubens möglich, sich Gott anzunähern. Die Verheißung und Entfaltung der Einheit wird mit einer knospenden Pflanze verglichen, welche durch Jesus ihre Blüte entfaltet hat. Es ist die Offenbarungsgeschichte, welche bereits den Lauf durch die Menschheitsgeschichte begonnen hat und zugleich den Zielpunkt darstellt. Damit ist das teleologische Ziel beim Namen benannt. Die Entwicklung der Menschheit läuft auf das Ziel der irdischen Erlösung der Menschen auf das ewige Reich Gottes hin zu.

Zur Veranschaulichung benutzt Heinroth Bilder aus der Medizin:

> „Immer neue Lebenssäfte erhält der kranke Körper, bis endlich der Arzt ersteht, der ihm ewiges Heil verspricht, wenn er die Arznei nicht verschmäht, der mit Recht Arzt oder Heiland genannt wird, weil das ganze menschliche Geschlecht an der Sünde erkrankt ist, von welcher nur der Heilige, Reine befreien kann." (L.d.A., S. 331)

Es ist eine eingeborene anthropologische Grundkonstante, dass der Mensch der Sünde verfallen ist. Jesus kann als Arzt durch die Verabreichung von Medizin (Religion bzw. Glauben) den Menschen von seiner Krankheit befreien.[156] Als Quelle aller Wahrheit gelten dem Autor nicht kontemporäre wissenschaftliche Erkenntnisse.

So verweigert er den Erkenntnissen des Deutschen Idealismus in Form von Kant (Kritik der Vernunft) und Fichte (Identitätslehre) die Zustimmung. Alle Wahrheit stammt aus dem Buch der Bücher, der Bibel. Deshalb ist es folgerichtig anzunehmen, dass es eine Offenbarung des Menschengeschlechts gibt.

Der Mensch in seinem Dasein hat ohne die Religion keine Bedeutung, „sie ist die Seele seiner Seele, und der Schlüssel zur Eröffnung seines ganzen rätselhaften Wesens."[157] Bei Heinroth stellt die Seele die Spitze des menschlichen Daseins dar. Seele bedeutet die Führung eines hierarchischen Verhältnisses im Menschen. Seele der Seele meint den nicht mehr steigerbaren Gipfelpunkt. Ohne Gattung kann der Mensch nicht begriffen werden, die Gattung wiederum nicht ohne Geschichte. Geschichte ihrerseits gehört wieder der Religion an.

Damit stellt sich zugleich die Frage nach der Gültigkeit und Wertigkeit der alten Religions- und Kultusformen. Es gibt in der Welt zwar Wahrheit außerhalb der Bibel, diese bildet aber die sicherste Quelle derselben.

Höchstes Ziel der menschlichen Entwicklungsgeschichte ist die „Entsündigung" des Menschengeschlechts. Dieses kann nur von dem einen Gott geleistet werden:

---

[156] Zu den medizinisch-wissenschaftlichen Heilmethoden Heinroths vgl. die Aufzählung in Michael Leupoldt, Heilwissenschaft, Seelenheilkunde und Lebensmagnetismus in ihrer natürlichen Entwickelung und nothwendigen Verbindung, S. 287 ff.

[157] Johann Christian Heinroth, Ueber die Einmischung religiöser Prinzipien in die Anthropologie, S. 429

> *„Keine Entwickelung, auch der höchsten Cultur in aller Art, keine Wissenschaft, keine Kunst, keine Staatsverfassung, ja selbst keine Religion, so geläutert sie von allem Niederen und Unwürdigen sey, kann dieses Eine, was allein dem Menschengeschlecht Noth thut, erfüllen, oder auch nur bezwecken." (L.d.A., S. 335)*

Insofern ist alleine der christliche Schöpfergott die Wahrheit, die sich in Jesus Christus manifestiert hat und sich nicht an mehreren Punkten zugleich entladen kann. Die Wahrheit Gottes besteht in einer sich allen erbarmenden Liebe.

Die Offenbarungs- und Erlösungslehre bilden ein theoretisches Kernstück des heinrothschen Lehrbuchs. Heinroth fängt seine wissenschaftliche Argumentation nicht mit einer alles überschattenden Prämisse eines christlichen Schöpfergottes an, wie dies Idealisten tun. Heinroth versteht sich als Empiriker und Realist. Seine Methode ist induktiv. Durch seine Wissenschaftsmethodik begründet, kann man nicht umhin zu behaupten, dass er die Menschheitsgeschichte als Offenbarungsgeschichte und Gott als empirische Entitäten auffasst.

Idealisten postulieren diese Befunde als theoretisch-analytische Konstrukte. Heinroth ist es mit Gott, Religion und der Erlösungsgeschichte ernst. Diese argumentative Wende überrascht, da sie inmitten der vermeintlich wissenschaftlich-objektiven theoretischen Argumentation angesiedelt ist. Heinroths ausgleichender Standpunkt basiert auf der objektiven Grundlage der Erkenntnis als Resultat der Beobachtung. Dazu muss ein Prinzip gefunden werden.[158] Dieses besteht in Gott.

Gemäß dem Autor ist die Anthropologie die einzige Wissenschaft, welcher die Würde verliehen ist, mit der Offenbarung und der Religion in Kontakt zu treten.[159] Heinroths wissenschaftstheoretischer Standpunkt ist wenig abstrakt, in seinem Aufbau zugleich komplex. Heinroth warnt vor einer Verwechslung von Offenbarung und Religion:

---

[158] Johann Chrisian Heinroth, Ueber die Standpunkte anthropologischer Forschung, S. 384

[159] Johann Christian Heinroth, Ueber die Würde der Anthropologie, S. 459

> *"Die Offenbarung ist das Verhältniß, in welches sich Gott zu den Menschen gesetzt hat; die Religion ist das Verhältniß, in welches sich der Mensch zur Gottheit setzt oder setzen soll. Nur die Offenbarung, nicht die Religion kann dem Menschen gegeben werden, die letztere ist das Werk seines eigentlichen Strebens, seiner eigenen freien Richtung, aber freilich nur nach dem Gegenstande, der in und mit der Offenbarung gegeben ist."* (L.d.A., S. 353)

Offenbarung besteht im Verhältnis, in welches sich Gott zu den Menschen setzt. Offenbarung impliziert eine Top-Down-Perspektive von Gott zum Menschen. Insofern ist es möglich, dem Menschen die Offenbarung zu geben. Die Religion beinhaltet im Gegenteil eine Bottom-Up-Perspektive, da sie das Verhältnis vom Menschen zu Gott umfasst.

Deshalb ist Religion vom Menschen frei gestaltet, wobei sich die Gestaltung am Normativ-Faktischen der Offenbarung zu orientieren hat. Religion und Offenbarung stehen in einem Wechselverhältnis, wie z.B. demjenigen des Auges zum Licht. Durch dieses dem Wissenschaftsdiskurs entstammendem Bild wird die Erkenntnisabhängigkeit der Religion von der Offenbarung verdeutlicht. Erkenntnis vom Höchsten kann v.a. über den Weg der heiligen Schriften des alten und neuen Bundes gewonnen werden.[160]

Gotteserkenntnis kann nicht vom Menschen selber erschaffen werden, weshalb sie auf der Offenbarung beruht. Im Verhältnis zur Wissenschaft und Kunst ist Religion allerdings die durch den Menschen zu realisierende Frucht. Bringt man die Kirche ins Spiel, so verhält sich diese zur Religion wie das Mittel zum Zweck. Es ist Aufgabe der Kirche, dem Menschen zu einer eigenen Religion, d.h. In-Beziehung-Setzen zu Gott, zu verhelfen.

Abschließend wird das Verhältnis von Kirche, Religion und Gott wie folgt charakterisiert:

---

[160] Johann Christian Heinroth, Ueber die Würde der Anthropologie, S. 460

> *"Die echte Kirche ist die Bewahrerin der Offenbarung, und die Förderin der Religion; diese letztere selbst aber ist das in Gott eingewurzelte Leben des Herzens. Gott ist die Liebe, und nur das Herz, das allem Hasse entsagt hat und rein in der Liebe lebt, ist das wahrhaft religiöse Herz."* (L.d.A., S. 360)

Kirche besitzt zwei Aufgaben. Sie soll die Offenbarung bewahren und die Religion fördern. Wahre Religion des Menschen besteht in einem in Gott verwurzelten Leben. Da Gott Liebe ist, kann nur das liebende Herz ein religiöses Herz sein.

Dieser Standpunkt ist erhebend und der Autor lässt keine Zweifel erkennen, dass sich von ihm aus die Mannigfaltigkeit der Entwicklung des Lebens der Menschheit ordnen lässt. (L.d.A., S. 362) Damit schlägt Heinroth eine teleologische Entwicklung vor. Allerdings ist diese Teleologie transzendent ausgerichtet.

Profane entwicklungsgeschichtliche Stadien wie sie dem triadischen Geschichtsschema anhaften, werden somit negiert. Es läuft alles auf eine Offenbarungs- und Erlösungsgeschichte hinaus. Der Weg dazu kann in einem richtigen Verhältnis des Menschen zur Religion und Offenbarung gewonnen werden. Damit zeigen sich in der heinrothschen Theoriekonzeption protestantische Essentialia in nuce.

Es ist laut Heinroth nicht möglich, wissenschaftliche Aussagen zu treffen, welche den Bereich der Ewigkeit betreffen. (L.d.A., S. 363) Allerdings bezeichnet er das irdische Leben als Übergangswelt.

Der Autor gesteht am Ende des Lehrbuchs ein, dass dieser Gedanke seinen theoretischen Konzeptionen zugrunde liegt. Insofern ist seine Vorgehensweise z.T. doch idealistisch-deduktiv. Wissenschaftstheoretische Inkohärenzen werden evident.

Der Forscher muss laut Heinroth empirisch von den Naturerscheinungen ausgehen. Allerdings kann er auf diesem Standpunkt nicht verharren bleiben:

> *„Die Natur bringt uns ihre Wahrheit in ihren Gegenständen entgegen, und nur durch treue Beobachtung können wir diese Wahrheit erfassen; allein die klare Erkenntniß derselben können wir nur erhalten, indem wir nur erhalten, indem wir den Lichtstrahl des Geistes in das, was wir beobachtend erfassten, einfallen lassen. Indem dieß aber geschieht, dringt auch die Idee in den Gegenstand ein: denn der Geist ist ja eben bildendes, gestaltendes Vermögen, und kann nur durch sein Formgeben zur Erkenntniß gelangen."*[161]

Zu den reinen Naturerscheinungen muss sich die (analytische) Fähigkeit des Geistes gesellen. Durch diesen wird, der Natur des Geistes gemäß, dem reinen Gegenstand eine (idealistische) Idee eingegeben. Der Versuch Heinroths einer Empirisierung der Wissenschaften das Wort zu reden, dabei aber zugleich idealistisch-analytische Standpunkte einzubeziehen, erinnert an moderne wissenschaftstheoretische Debatten.

Alle Vorstellungen der Menschen von einem Leben nach dem Tode sind laut Heinroth nicht zulässig.[162] Das Fazit von Heinroths anthropologischem Lehrbuch besteht darin, dass der Mensch die Notwendigkeit des Vernünftig-Seins einsehen muss. Via Vernunft kann der Mensch zu Gott und sich finden. Vernunft garantiert die Einheit des Menschen. Ohne ihren Gegenstand, nämlich Gott, ist die Vernunft bedeutungs- und inhaltsleer.[163] Hat der Mensch nun sein Leben der Vernunft gemäß im Einklang mit der heiligen Offenbarung ausgerichtet, so geht er „mit nicht zu erschütternder Gewißheit und nicht zu trübender Heiterkeit einer ewigen und herrlichen Bestimmung entgegen, deren Anlagen und Entwickelungskeime für das ganze Geschlecht, wie für das Individuum möglichst klar auseinander zu

---

[161] Johann Chrisian Heinroth, Ueber die Standpunkte anthropologischer Forschung, S. 388 f.
[162] Damit bewegt er sich vollkommen innerhalb einer protestantisch geprägten Vorstellungswelt.
[163] Johann Christian Heinroth, Ueber die Einmischung religiöser Prinzipien in die Anthropologie, S. 430

legen, das Geschäft dieser unserer Behandlung der Anthropologie gewesen ist." (L.d.A., S. 366)

Obwohl über das Leben nach dem Tode keinerlei Aussagen getroffen werden können, ist die Existenz eines solchen Falls sicher. Heinroth behauptet, dass die Anthropologie dem Zwecke dient, den Menschen in Beziehung auf Offenbarung und Religion hin zu analysieren. In jedem Fall kann der Mensch nur als moralisches Wesen begriffen werden. Die psychischen Ärzte müssen das moralische Prinzip bei der Analyse des menschlichen Seelenlebens einbeziehen, da dieses dadurch konstituiert wird.[164] Die Ausgangsprämisse des Menschen als moralischem Wesen hatte Heinroth seinen Leser ja bereits zu Beginn des Lehrbuchs vor Augen geführt.

---

[164] Michael Leupoldt, Heilwissenschaft, Seelenheilkunde und Lebensmagnetismus in ihrer natürlichen Entwickelung und nothwendigen Verbindung, S. 242

3. Resümee *(Stefan Schweizer/Pia-Johanna Schweizer)*

Der menschliche Geist ist in Heinroths Theorie ein organisches Glied der Seele. Durch die Betonung der Organismus-Semantik wird die natürliche Zusammengehörigkeit von Seele und Geist hervorgehoben. Zugleich ist aber der Geist Teil der Seele, was ein Hierarchieverhältnis impliziert. Der menschliche Geist liegt zwischen Gemüt und Willen. Der menschliche Geist wird durch den höchsten Geist (Gottes) geweiht. Durch diesen kann er sich über das Irdische erheben.[165]

Heinroth geht von einem Leib-Seele-Dualismus aus. Wesentliche Bestandteile des Menschen sind Leib und Seele. Der Geist ist Bestandteil der Seele und macht keinen dritten Hauptteil des Menschen aus. Gleichwohl argumentiert Heinroth christlich.

Der Autor sieht sich als zwischen den Empirikern und den Idealisten ausgleichend. D.h., dass er eine empirische Ausgangsbasis besitzt. Die so gewonnen Daten werden idealistisch-analytisch verarbeitet.

In aller Deutlichkeit postuliert Heinroth einen Paradigmenwechsel von der Philosophie zur Anthropologie:

> *„Auch haben sich, was wohl zu bemerken ist, seit einiger Zeit, einige ihrer (der Philosophie, S.S.) eifrigsten Anhänger eine Art von Asyl in der Anthropologie zu bereiten gesucht; und es ist auffallend, wie sehr seit kurzem die Bearbeitung dieser Wissenschaft thätige Helfer wo nicht gewonnen, doch erhalten hat. Kurz, und schlüßlich, wenn von irgend einem Punkte aus der Philosophie der Todesstoß droht, so ist es von dem aus, welcher in dieser Arbeit behauptet worden ist. Wir wiederholen es, und sprechen es unumwunden, scharf und keck aus: Eines muß fallen, entweder die Versöhnungslehre oder die Philosophie; denn beide begründen einen radicalen Widerspruch, und die eine macht die ande-*

---

[165] Vgl. zu diesen Ausführungen: Johann Christian Heinroth, Über die doppelte Bedeutung des Begriffs Geist, S. 428

re, weil sie sich nur durch sich selbst behaupten und keinen Gegner neben sich dulden kann, überflüssig"[166]

Religion und Offenbarung sind fester Bestandteil der Anthropologie. Insofern überleben die Theologie und die Versöhnungslehre in der Disziplin der Anthropologie.

Heinroths wissenschaftliche Außenwirkung war immens. Dies lässt sich nicht zuletzt daran ablesen, dass seine Theorien in anthropologischen und medizinischen Schriften seiner Zeit lebhaft diskutiert wurden. Wie häufig ein Wissenschaftler zitiert wird, sagt nichts über die Wertigkeit seines wissenschaftlichen Status' aus. Es verleiht aber einen Eindruck darüber, wie umfangreich das Gedankengut in der wissenschaftlichen Gemeinschaft aufgenommen worden ist.

Zu Gute kam Heinroth dabei vielleicht, dass er pointierte wissenschaftliche Positionen vertrat. So findet sich immer wieder der Verweis auf eine, je nach Sichtweise, einseitige oder richtige Betonung psychischer Faktoren bei (Seelen-) Krankheiten.

Bei der Beurteilung Heinroths durch zeitgenössische Wissenschaftler gab es selbstverständlich, wie aus dem bisherigen Text ersichtlich geworden sein dürfte, zustimmende und ablehnende Meinungen. So war beispielsweise Carl Eschenmayer ein Anhänger der Lehre der Psychiatrie von Heinroth. Eschenmayer lehrte die Lehre Heinroths sogar in Form einer studentischen Nachschrift.[167]

Fragt man nach dem wissenschaftlichen Gehalt des Theoriegebäudes auf, so muss dies z.T. abschlägig beschieden werden. Heinroth wählt einen empirischen Zugang. Gott bildet gleichwohl eine der zentralen Ausgangsprämissen, wobei er in diesem Falle sogar gemäß Forschungsverständnis als empirisches Phänomen begriffen werden muss.

---

[166] Ebenso hat es nach Heinroths Bekunden davor einen Wechsel von der Theologie zur Philosophie gegeben. Johann Christian Heinroth, Ueber die Würde der Anthropologie, S. 468

[167] Vgl. Otto-Joachim Grüsser, Justinus Kerner 1786-1862, S. 178 und 198

Hinsichtlich der Sprache ist festzuhalten, dass Heinroth weitgehend wissenschaftlich-neutral argumentiert. Bei schwierig objektiv-wissenschaftlich zu belegenden Sachverhalten erhöht sich die Verwendung von Metaphern und Bildern. Geschickt verfährt Heinroth im rhetorischen Sinne mit dem Einsatz von verschiedenen Stilebenen. Manchmal benutzt er einen anklagenden Kanzleistil, z.B. wenn es um einen Missbrauch des Magnetismus geht. An anderen Stellen verfasst er komplexe und lange Satzkonstruktionen, welche letzte Fragen der Menschheitsgeschichte aufwerfen. Der Stil passt sich somit der inhaltlichen Dimension an.

Zeitgenössische Kritik hebt hervor, dass bei Heinroths Theoriengebäude die Differenz zwischen Seele und Geist und Seele und Leib nicht deutlich genug herausgearbeitet sei. Wie erinnerlich ist der Geist Teil der Seele. Klare Distinktionslinien zwischen Körper und Seele sind gegeben. Ebenso werden deutliche und hierarchische Verhältnisse der beiden Bestandteile des Menschen gezeichnet.

Die Seele herrscht über den Körper. Demzufolge gilt Heinroth als Verteidiger der psychologischen Ansicht, „indem er umständlicher auf das Körperliche die, obgleich nur scheinbare, nöthige Rücksicht genommen hat."[168] Krankheiten sind folglich immer psychologisch bedingt. Ruft man sich in Erinnerung, dass Heinroths Lehrstuhl das Themengebiet der psychischen Medizin umfasste, so überrascht dieser Befund nicht.

Eigentlich ist die Sünde letzter Begründungszusammenhang von Krankheit. Möller zufolge taugen Heinroths Ausführungen weder im praktischen noch im theoretischen Sinne. Außerdem werden bei Heinroth die Bestimmungen von Ich, Ichheit und Person zusammengewürfelt, wobei die beiden letzteren als individuelle Einheit von Geist und Körper angesehen und damit mit der Individualität verwechselt werden.[169]

---

[168] C. P. Möller, Anthropologischer Beitrag zur Erfahrung der psychischen Krankheit, S. 56

[169] C. P. Möller, Anthropologischer Beitrag zur Erfahrung der psychischen Krankheit, S.58 f.

In Heinroths psychischem System werden die Aspekte Bewusstsein und Freiheit hinsichtlich der menschlichen Natur akzentuiert.[170] Leupoldt wirft Heinroth vor, dass sein nosologisches System mehr subjektiv als objektiv begründet sei.[171] Außerdem ist die Physiologie des Seelenlebens unvollständig entwickelt.[172] Zugleich vermutet Leupoldt eine Verwechslung der empirischen Erscheinung des Lebens mit der metaphysischen Idee desselben.[173] Heinroth betreibe darüber hinaus natürlichen Mystizismus.[174] Dahinter versteckt sich die Kritik, dass Heinroth keine wahre wissenschaftliche Lehre im christlich-protestantischen Sinne verfasst hat.

Abstrakt und generell formuliert schiebt Heinroths Lehre eine übermenschliche Möglichkeit (die der Heilung von Sünde als Heilung von Krankheit) der menschlichen Wirklichkeit unter.[175] Auch in diesem Moment liegt eine Versündigung gegen den Menschen, die Religion und Gott vor. Vor allem der letzte Angriff ist als ein Versuch der Erringung eines Meinungsmonopols in Glaubenssachen zu verstehen.

Heinroth besitzt, wie viele der Anthropologen zur Zeit der Romantik, eine christlich-religiöse Basis seiner wissenschaftlichen Theoretisierungen. Allerdings geht er von einem Leib-Seele-Dualismus und nicht einer trinitarischen Gottesebenbildlichkeit aus. Folgerichtig zementiert er eine ausgeprägte, aber z.T. untertheoretisierte Leib-Seele-Semantik des Menschen.

Die semantischen Füllungen der Teile Leib und Seele stehen nicht direkt in der Tradition der Aufklärung und des Rationalismus. Vielmehr steht Heinroth rationalistisch-anthropologischen Theorieent-

---

[170] Ignaz Paul Vital Troxler, Naturlehre des menschlichen Erkennens, S. 203
[171] Michael Leupoldt, Die gesammte Anthropologie, 2. Band, S. 244 f.
[172] Michael Leupoldt, Heilwissenschaft, Seelenheilkunde und Lebensmagnetismus in ihrer natürlichen Entwickelung und nothwendigen Verbindung, S. 218
[173] Michael Leupoldt, Heilwissenschaft, Seelenheilkunde und Lebensmagnetismus in ihrer natürlichen Entwickelung und nothwendigen Verbindung, S. 154
[174] Michael Leupoldt, Heilwissenschaft, Seelenheilkunde und Lebensmagnetismus in ihrer natürlichen Entwickelung und nothwendigen Verbindung, S. 287
[175] Michael Leupoldt, Heilwissenschaft, Seelenheilkunde und Lebensmagnetismus in ihrer natürlichen Entwickelung und nothwendigen Verbindung, S. 292

würfen Kants skeptisch gegenüber. Wiederholt wurde auf die ambivalente Position des Autors zum deutschen Idealismus hingewiesen. Größtenteils lehnt er erkenntnistheoretisch-idealistische Konzeptionen ab, obwohl die Frage nach dem Versöhnungsverhältnis von Natur und Geist virulent ist. Teleologisch-finale Geschichtskonzeptionen im klassischen Sinne eines triadischen Geschichtsschemas werden abgelehnt. Damit wird der Welt wie der Menschheit das Merkmal abgesprochen, sich zwangsläufig auf einen Erlösungszustand hin zu bewegen.

Zugleich verleiht der Autor der Hoffnung Ausdruck, dass sich der Mensch und die Menschheit dennoch auf einen positiven Endzustand zu bewegen. Hinsichtlich der Frage, ob der Mensch gut oder böse ist, nimmt Heinroth eine indifferente Position ein. Diese Frage bleibt offen. Beide Anlagen sind dem Menschen eingeboren. Es kommt auf die Lebensführung des Menschen an, was dieser aus seinen Anlagen macht. Ein positiver Endzustand auf Erden kann durch die menschliche Vernunft realisiert werden, was zugleich bedeutet, dass sich der Mensch zum Guten hin entwickelt.

Basis der Vernunft ist der Verstand. Der Verstand richtet sich auf weltliche, die Vernunft zielt auf göttliche Dinge. Via Vernunft kann so etwas Ähnliches wie ein Paradies auf Erden verwirklicht werden. Wahre Erlösung allerdings ist erst jenseits der Kategorien von Raum und Zeit möglich.

Heinroth geht von einem Antagonismus von Geist und Natur aus. Diese Inkommensurabilität von Geist und Natur lässt auf einen Anti-Spinozismus schließen. Gott äußert sich durch die Natur, er ist aber kein Bestandteil derselben. Insofern schafft in dem heinrothschen All-Organismus der Geist die Natur.

Diese Monographie hat einen der Zeit der Romantik angehörenden Anthropologen diskutiert, welcher inhaltlich mit dem romantischen Paradigma konvergiert. So gibt es die theoretische Leitidee, dass alles organisch und in einem All-Universum miteinander verbunden ist. Die dualistischen Anthropologen der Romantik wie Heinroth konzeptionieren den Menschen anders als die der Aufklärung und Kant nahestehenden Wissenschaftler. Wie sieht die philosophische Grundlage der von einem Dualismus im Menschen ausgehenden Anthropologen aus?

Überlegungen sollten sich um die Frage des Dualismus drehen. Die Frage ist auch bei Heinroth nicht abschließend geklärt, ob der Mensch aus zwei Teilen besteht und ein Ganzes ausmacht oder ein Ganzes sich in zwei Teile gliedert. Allerdings ist das Verhältnis von Leib und Seele interaktiv, kombiniert mit der Organismus-Metapher ergibt sich das Bild des einen, ganzen Menschen, dem allerdings hierarchische Momente innewohnen.

Bei den dualistisch ausgerichteten Anthropologen kommt ebenso, wie bei allen anderen Anthropologen, der Geist als zentrale Komponente des menschlichen Daseins vor. Der Geist ist kein eigenständiger Teil des Menschen, sondern Bestandteil der menschlichen Seele. Man kann sagen, dass bei den Dualisten unter dem Begriff der Psyche Seele und Geist subsumiert werden. Zwischen Leib und Seele herrscht ein hierarchisches Gefüge, die Seele beherrscht nämlich den Leib.

Die Fähigkeit, dass die Seele den Leib beherrscht macht das Gute und Menschliche des Menschen aus. Der Geist und seine Fähigkeiten werden nunmehr durch die Seele ersetzt. In einem Analogieverfahren werden der Leib mit der Natur und die Seele mit dem Göttlichen gleichgesetzt. Göttliches und Natur besitzen denselben Ursprung.

Allerdings fällt die Bewertung der Natur unterschiedlich aus. Einerseits ist die Natur das Böse, welche die Seele und den Menschen in Versuchung führt. Andererseits gilt, dass die Natur ein Teil des Göttlichen und deshalb gut ist. Bei Heinroth ist die Natur eher bedrohlich und nur durch den Geist zu domestizieren.

Insofern kann Heinroth eher als anti-spinozistisch angesehen werden, obwohl er die Natur nicht vollständig dämonisiert. Innerhalb der Gruppe der Dualisten herrschen, wie an weiteren Beispielen von Anthropologen zur Zeit der Romantik belegt werden könnte, über die Konstatierung einer dualen Struktur des Menschen unterschiedliche Meinungen vor.

Zieht man in Betracht, dass die Hauptgegner der Dualisten die Anthropologen waren, welche den Geist als eigenständige Komponente des Menschen gesehen haben, dann wird einem die Heterogenität und Virulenz der damaligen Diskussion vor Augen geführt.

Literatur

Carl Gustav Carus, Vorlesungen über Psychologie. Gehalten im Winter 1829/30 zu Dresden. Darmstadt 1958

Adam Karl August von Eschenmayer, Grundriss der Psychiatrie in ihrem theoretischen und praktischen Teil. In: Jahrbücher der Anthropologie und zur Pathologie des Irreseins. Erster Band. Leipzig 1830, S. 46-106

Hartmut Esser, Soziologie. Spezielle Grundlagen. Band 6. Sinn und Kultur. Frankfurt am Main 2000

Heinz von Foerster, Das Konstruieren einer Wirklichkeit. In: Paul Watzlawick (Hrsg.), Die erfundene Wirklichkeit. München 1981, S. 39-60

Jakob Friedrich Fries, Handbuch der Psychischen Anthropologie, Zweiter Band. Halle 1837/Aalen 1969

Ernst von Glasersfeld, Radikaler Konstruktivismus. Frankfurt am Main 1997

Ernst von Glasersfeld, Drittes Siegener Gespräch über Radikalen Konstruktivismus. In: Ernst von Glasersfeld, Radikaler Konstruktivismus. Frankfurt am Main 1997, S. 310-361

Friedrich Groos, Ueber Spontaneität, moralische Freiheit und Nothwendigkeit. In: Zeitschrift für Anthropologie. Jahrgang 1823. Erster Band. Erstes Heft, S. 23-94

Otto-Joachim Grüsser, Justinus Kerner 1786-1862. Berlin 1987

Johann Christian Heinroth, Grundzüge der Naturlehre des menschlichen Organismus. Leipzig 1807

Johann Christian Heinroth, Lehrbuch der Anthropologie. Leipzig 1822

Johann Christian Heinroth, Ueber die Standpunkte anthropologischer Forschung. In: Johann Christian Heinroth, Lehrbuch der Anthropologie. Leipzig 1822, S. 369-389

Johann Christian Heinroth, Ueber den Vortheil des gegenständlichen Denkens in der Anthropologie. In: Johann Christian Heinroth, Lehrbuch der Anthropologie. Leipzig 1822, S. 389-401

Johann Christian Heinroth, Über die doppelte Bedeutung des Begriffs Geist. In: Johann Christian Heinroth, Lehrbuch der Anthropologie. Leipzig 1822, S.401-428

Johann Christian Heinroth, Ueber die Einmischung religiöser Prinzipien in die Anthropologie. In: Johann Christian Heinroth, Lehrbuch der Anthropologie. Leipzig 1822, S. 429-454

Johann Christian Heinroth, Ueber die Würde der Anthropologie. In: Johann Christian Heinroth, Lehrbuch der Anthropologie. Leipzig 1822, S. 454-469

Johann Christian Heinroth, Ueber Erziehung und Selbstbildung. Leipzig 1837

Franz Hoffmann, Einleitung. In: Franz Xaver von Baader. Gesammelte Schriften zur Anthropologie. Hauptabteilung 1. Band 4. Aalen 1987, S. I-LII

Georg Kneer, Radikaler Konstruktivismus. In: Metzler Philosophie Lexikon. 2. Auflage. Stuttgart/Weimar 1999, S. 299-300

Michael Leupoldt, Heilwissenschaft, Seelenheilkunde und Lebensmagnetismus in ihrer natürlichen Entwickelung und nothwendigen Verbindung. Berlin 1821

Michael Leupoldt, Die gesammte Anthropologie, 1. Band. Erlangen 1834

Michael Leupoldt, Die gesammte Anthropologie, 2. Band. Erlangen 1834

Elisabeth List, Institutionen des Wissens. In: Elisabeth List/Erwin Fiala (Hrsg.), Grundlagen der Kulturwissenschaften. Tübingen 2004, S. 13-38

Niklas Luhmann, Ökologische Kommunikation. Opladen 1986

Niklas Luhmann, Die Wissenschaft der Gesellschaft. Frankfurt am Main 1992

Niklas Luhmann, Die Wirtschaft der Gesellschaft. Frankfurt am Main 1994

Niklas Luhmann, Das Recht der Gesellschaft. Frankfurt am Main 1995

Niklas Luhmann, Soziale Systeme. 6. Aufl. Frankfurt am Main 1996

Niklas Luhmann, Liebe als Passion. 3. Auflage. Frankfurt am Main 1996

Niklas Luhmann, Die Gesellschaft der Gesellschaft. Band 1. Frankfurt am Main 1997

Niklas Luhmann, Die Gesellschaft der Gesellschaft. Band 2. Frankfurt am Main 1997

Niklas Luhmann, Die Kunst der Gesellschaft. Frankfurt am Main 1997

Niklas Luhmann, Gesellschaftsstruktur und Semantik. Band 1. 2. Auflage. Frankfurt am Main. 1998

Niklas Luhmann, Gesellschaftsstruktur und Semantik. Band 3. 2. Auflage. Frankfurt am Main 1998

Niklas Luhmann, Gesellschaftsstruktur und Semantik. Band 4, Frankfurt am Main 1999

Niklas Luhmann, Die Religion der Gesellschaft. Frankfurt am Main 2002

Niklas Luhmann, Die Politik der Gesellschaft. Frankfurt am Main 2002

Humberto Maturana, Biologie der Sprache. In: Humberto Maturana, Biologie der Realität. Frankfurt am Main 2000, S. 93-144

C. P. Möller, Anthropologischer Beitrag zur Erfahrung der psychischen Krankheit oder der Standpunkt der psychischen Medizin. Mainz 1837

Sonja Rinofner-Kreidl, Phänomenologie und Systemtheorie im Kontext kulturwissenschaftlicher Forschungsinteressen. In: Elisabeth List/Erwin Fiala (Hrsg.), Grundlagen der Kulturwissenschaften. Tübingen 2004, S. 73-98

Siegfried J. Schmidt, Kultur als Programm – jenseits der Dichotomie von Realismus und Konstruktivismus. In: Friedrich Jaeger/Jürgen Straub (Hrsg.): Handbuch der Kulturwissenschaften. Band 2. Stuttgart 2004, S. 85-100

Stefan Schweizer, Politische Steuerung selbstorganisierter Netzwerke. Baden-Baden. 2003

Pia-Johanna Schweizer/Stefan Schweizer, Idealistisch geprägte Axiomatik des Selbstorganisationsparadigmas. In: Berichte zur Wissenschaftsgeschichte 29 (2006) Heft 1, S. 53-66

Pia-Johanna Schweizer/Stefan Schweizer, Lebensaltertheorien der Anthropologie zur Zeit der Romantik. In: Berichte zur Wissenschaftsgeschichte 29 (2006) Heft 4, S. 309-323

Lesley Sharpe, Über den Zusammenhang der tierischen Natur der Frau mit ihrer geistigen. Zur Anthropologie der Frau um 1800. In: Jürgen Barkhoff/Eda Sagarra (Hrsg.), Anthropologie und Literatur um 1800. München 1992, S. 213-225

Horst Thomé, Autonomes Ich und inneres Ausland. Tübingen 1993

Ignaz Paul Vital Troxler, Naturlehre des menschlichen Erkennens, oder Metaphysik. Herausgegeben von Hans Rudolf Schweizer. Hamburg. 1985

Paul Watzlawick, Bausteine ideologischer >>Wirklichkeiten<<. In: Paul Watzlawick (Hrsg.), Die erfundene Wirklichkeit. München 1981, S. 192-228

Rainer Winter, Kultursoziologie. In: Ansgar Nünning/Vera Nünning (Hrsg.), Konzepte der Kulturwissenschaften. Stuttgart 2003, S. 205-224